Los templarios

A pesar de haber puesto el máximo cuidado en la redacción de esta obra, el autor o el editor no pueden en modo alguno responsabilizarse por las informaciones (fórmulas, recetas, técnicas, etc.) vertidas en el texto. Se aconseja, en el caso de problemas específicos —a menudo únicos— de cada lector en particular, que se consulte con una persona cualificada para obtener las informaciones más completas, más exactas y lo más actualizadas posible. EDITORIAL DE VECCHI, S. A. U.

© Editorial De Vecchi, S. A. 2019
© [2019] Confidential Concepts International Ltd., Ireland
Subsidiary company of Confidential Concepts Inc, USA
ISBN: 978-1-64461-362-7

El Código Penal vigente dispone: «Será castigado con la pena de prisión de seis meses a dos años o de multa de seis a veinticuatro meses quien, con ánimo de lucro y en perjuicio de tercero, reproduzca, plagie, distribuya o comunique públicamente, en todo o en parte, una obra literaria, artística o científica, o su transformación, interpretación o ejecución artística fijada en cualquier tipo de soporte o comunicada a través de cualquier medio, sin la autorización de los titulares de los correspondientes derechos de propiedad intelectual o de sus cesionarios. La misma pena se impondrá a quien intencionadamente importe, exporte o almacene ejemplares de dichas obras o producciones o ejecuciones sin la referida autorización». (Artículo 270)

Run Futthark

LOS TEMPLARIOS

Índice

Prólogo 11

Introducción 15

DEFINICIÓN E HISTORIA

Limitaciones del historiador 19

Historia de los templarios 21
La creación de la orden 22
El reconocimiento de la Iglesia 25
Hipótesis sobre los motivos de la existencia
    de la orden 26
La estructura templaria 28

Del auge a la desaparición 33
El papel de San Bernardo 33
Los templarios se vuelven ineludibles ... 34
¿Pretendían dominar el mundo? 34
El principio del fin 35

Un extraño final: la redada
   del 13 de octubre de 1307 36
Las razones de la desaparición de la orden .. 38

UNA POSIBLE SUCESIÓN 41
No todos los templarios están en la cárcel ... 41
Sucesiones reales y sucesiones secretas 44
Las carabelas de Cristóbal Colón 46
En la ruta hacia América 48

LA DOCTRINA DE LOS TEMPLARIOS

EL ESOTERISMO TEMPLARIO 55
Al principio estaba San Bernardo 55
Los símbolos 56
La arquitectura, vehículo
   de la simbología templaria 58
Los números sagrados 60
Las tres mesas 62
Instrumentos de regeneración 65
El número de grandes maestres 69
La cruz paté 73
El Bausán 77
El caballero y el arte de hacer cábalas 80

LA TOPOGRAFÍA TEMPLARIA 83
El conocimiento de las ondas de forma 83
Las construcciones 88
El enigma de Gisors 90
La encomienda del templo de Carentoir 92
Otros lugares templarios: los bosques 95

La aparente negación	99
Una fe sincera	100
La imagen de la Virgen	104
La Anunciación, un extraño cuadro	107
El Apocalipsis, un texto en código	109
El Bafometo	111
Las corrientes de influencia	115
La influencia de san Benito	115
Dualismo y maniqueísmo	116
Los cátaros	119
La influencia musulmana	122
La influencia celta y druídica	124
¿Eran herejes los templarios?	127
Los templarios y las ciencias sagradas	131
La búsqueda del Santo Grial	131
La cábala	134
El Arca de la Alianza	142
Los cuadrados mágicos	148
La alquimia en el panteón de las ciencias y de las artes	151

EL IMPACTO DE LOS TEMPLARIOS

Las corrientes que sobrevivieron	157
La Rosacruz	157
La francmasonería	159

Los templarios a través de los siglos 165
¿Indicios de una continuidad templaria? 166
¿Resurgimiento moderno? 176
Las enseñanzas que aprovechó el pueblo 179
La «moda» templaria 181
Las preguntas que siguen sin respuesta 182

Conclusión 185

Bibliografía 187

Prólogo

Desde el principio de los tiempos la fe es inherente al hombre, del mismo modo que respirar, beber o comer. Una fe con cientos de rostros en respuesta a miles de costumbres, desde la más ínfima a la más extrema.

En todos los continentes, en todas las épocas, las creencias religiosas han ido alimentando los intentos comunitarios, solidificando los contactos, lanzando las bases de un futuro mejor y más seguro.

En cualquier lugar, la espiritualidad ha unido a los hombres y ha hecho que el género humano progrese.

En particular, la fe ha sabido poner en evidencia la búsqueda mística que todo ser humano lleva en su interior, esa sed insaciable de encontrar una dimensión perdida, esa espera lancinante, desgarradora, de un retorno a lo esencial, esa necesidad fundamental de respuestas más que de cosas materiales, que le ayuda a asimilar de la mejor forma posible los rigores inevitables que plantea la existencia.

Era inevitable que esa fe encontrara su expresión ideal en una espiritualidad destellante que ofreciera tantos matices como etnias, países o lenguas existen, en una sorprendente paleta de inconmensurable riqueza que mezclase rituales y secretos, dogmas y prohibiciones, plegarias salmodiadas y silencios meditativos. Siempre, en cualquier momento y en cualquier lugar, con ese idéntico fervor que lleva al hombre a su dimensión sagrada.

La presente obra es un viaje por este universo de la fe, como si se tratara de un reportaje con múltiples facetas que borrara fronteras y barreras, en esta «otra parte» intemporal en la que, a pesar de los imperativos materiales, económicos y políticos, en todas las épocas, el hombre ha sabido volver a conectar con lo esencial únicamente con la fuerza de su fe.

Los templarios constituye una aventura, una búsqueda de la luz, una proyección sobre una época, un enfoque particular de la espiritualidad y de sus raíces en lo concreto más inmediato. En pocas palabras podemos decir que en esta obra se narra la historia de una gran corriente de esa fe que vive en el hombre desde siempre.

Sea cual sea la época por la que nos interesemos, sean cuales sean los hechos en los que fijemos nuestra mirada, tanto en una franja de la historia como en una corriente de pensamiento o en un hecho sencillo, nada está aislado sino que afecta y se ve afectado por su situación en el tiempo y en el espacio.

Como consecuencia inevitable, intentar comprender un hecho histórico implica obligadamente resituar el tema que nos interesa en un mosaico de circunstancias y acontecimientos, en un contexto general que, si bien no lo explica todo, por lo menos delimita con una auténtica agudeza lo que deseamos destacar.

Nadie puede percibir la importancia de una creencia, de una religión, de una filosofía o de una doctrina sin situarlas en la vida de un pueblo, sin otorgarles un aliento cotidiano que les dé su verdadera magnitud. Los detalles sólo tienen valor si se los sumerge de nuevo en su propio universo.

Por esta razón, intentaremos permanecer lo más cerca posible de la época presentada en esta obra, respetando un marco histórico fuera del cual toda presentación coherente sería inútil.

Introducción

Llevaba mucho tiempo viajando, cuando un día me apeteció hacer un alto. Todavía estábamos en épocas oscuras y lejanas. Las naciones de cada territorio iban forjando su futuro, a menudo más por la fuerza que por la razón.

Yo había dejado a mi maestro unos años antes y me alimentaba ávidamente de todo lo que encontraba. Había aprendido mucho de los conocimientos de este notable ser, pero lo que descubría ahora, todos los días, me maravillaba. Más allá de las palabras y de las grandes ideas filosóficas, del saber conservado de los antiguos, la vida era realmente un libro abierto y cada una de sus páginas sembraba mi alma. Eso es lo que había pensado mi maestro cuando decía que estaba preparado y que entonces sólo me faltaba recorrer el mundo. Como siempre, supo cuándo había llegado el momento.

Ahora ya ha pasado mucho tiempo. Mis viajes me han llevado a todos los lugares en que los hombres han intentado con mayor o menor acierto hacer de su mundo un universo de paz y prosperidad. En numerosas ocasiones he atravesado el tiempo igual que los océanos, escalado montañas, escuchado el furor de los elementos, descubierto pueblos y civilizaciones, fervores y renuncias, pero siempre me ha guiado la misma idea, como unas palabras de mi maestro persistentes en mi memoria: «El ser humano, tanto si es vencedor como perdedor, buscador o errante, devastador o penitente, sabio o renegado, es un ser de luz porque lleva en él la marca de los dioses. Por ello, no deja de creer y de esperar. Allí donde vayas, hagas lo que hagas, escúchale, míralo, préstale tu calor y su consejo, y eso te hará más grande».

Ahora me toca a mí guiarle. Siga mis pasos, ponga su mano sobre mi hombro. Escuche y mire. El tiempo se diluye, sólo cuenta lo esencial...

DEFINICIÓN E HISTORIA

Limitaciones del historiador

No es una tarea fácil la de reconstruir la epopeya de esta orden de monjes soldados que gestionaron el mundo de Occidente y de Oriente Próximo durante casi dos siglos, exactamente ciento ochenta y seis años: desde 1128, año de la aparición del primer gran maestre, Hugo de Payns, hasta 1314, año de la muerte en la hoguera del último gran maestre, Jacques-Bernard de Molay.

El verbo *gestionar* es muy apropiado para las acciones de los templarios. Realmente, administraron sus territorios y en ocasiones los de los demás, como los responsables de las multinacionales actuales en el mundo de los negocios. La gestión de los bienes de la orden incluía también la gestión de los hombres y de las cosas más espirituales, porque, sin duda alguna, los templarios eran portadores de un mensaje místico fundamental que en nuestra época sigue siendo de interés.

Resulta imposible conocer con exactitud el conjunto de las actividades de la orden, sus orígenes y su desaparición. Los hechos más evidentes y reconocidos pueden adoptar un giro inesperado si los examinamos de forma objetiva, que es la que debe adoptarse para intentar acercarnos a la historia. La historia oficial es la que es, pero no es neutra, y pocas veces tiene en cuenta los hechos que los historiadores no comprenden o incluso rechazan porque no entran en sus esquemas de pensamiento. La historia sirve para objetivos precisos.

En estas páginas no se trata de narrar con detalle todo el pasado de la orden del Temple: otros autores, muchos, ya han realizado esta labor de forma muy precisa. En cambio, sí que estudiaremos las actividades más ocultas de los templarios; las bases esenciales de la espiritualidad de la orden del Temple, las que el hombre de nuestro tiempo intenta volver a encontrar o recrear, aunque sin éxito, por otro lado, porque la desaparición del Temple hace casi siete siglos produjo un vacío que cada año se vuelve un poco más profundo. Por último, resulta imprescindible precisar que los templarios no crearon una nueva religión sino una corriente de pensamiento. Es conveniente no hacer amalgamas dudosas.

Historia
de los templarios

Alea jacta est!
«¡La suerte está echada!».
JULIO CÉSAR

En este periodo de la Edad Media, que no era una edad mediana —eso solía decir Henri Vencenot, muy informado sobre esta época capital de la que somos herederos olvidadizos y despreciativos—, el feudalismo organizaba la vida social y económica.

El sistema feudal garantizaba, de mejor o peor forma, la seguridad de los inmensos territorios de los señores; estos no sólo eran los vasallos armados del rey sino que también estaban a la cabeza de los ejércitos represivos al servicio de la Iglesia apostólica y romana, cuando se presentaba la ocasión de devolver al buen camino a las ovejas descarriadas del imperio. Así fue, por ejemplo, como los barones del norte de Francia se alzaron en armas contra sus hermanos del sur, declarados heréticos por el pontífice romano… Los cátaros, que propugnaban la necesidad de llevar una vida ascética y la renuncia al mundo para alcanzar la perfección, pagaron muy cara su doctrina.

En este contexto, es imprescindible dejar claro que aquella época no fue en absoluto un tiempo de descanso sino que, en los ámbitos cultural, filosófico, artístico y de intercambios entre los hombres del saber, el pensamiento estaba en plena efervescencia.

La Edad Media sigue siendo un periodo clave de nuestra historia, de nuestros conocimientos y de nuestro patrimonio.

La creación de la orden

Todo era simple, para ser voluntariamente restrictivo: estaban la Iglesia y el Papa, el rey, sus vasallos (los señores) y el pueblo (la plebe). Las jerarquías raras veces se cuestionaban; los pertenecientes a una clase social no se mezclaban con los de otras.

No obstante, hay un momento de la época medieval en que, en medio de esta estructura rígida, que podría parecer inmutable, un pequeño grupo de individuos se las compone muy sutilmente para funcionar en todos los niveles de esta gran organización feudal.

¿Hay que ser religioso para obtener los privilegios de la Iglesia y ser bien aceptados por esta? ¡Pues los miembros del grupo serán religiosos!

¿Hay que surgir de la nobleza y ser beneficiarios de las ventajas de esta casta? Pues habrá nobles entre los dignatarios.

¿Hay que controlar al pueblo? Pues serán sus protectores...

Los primeros templarios

Así es como, en 1118, nueve caballeros se agrupan y emprenden el camino en dirección al monte Moriah, una de las colinas sagradas de Jerusalén. Su jefe es Hugo de Payns; los demás son Bisol de Saint-Omer, Hugo de Champagne, André de Montbard, Archambaud de Saint-Aignan, Niverd de Montdidier, Gondemar y Rossal; el noveno nombre sigue siendo desconocido, olvidado o bien mantenido en el anonimato desde entonces.

En aquel primer momento se hacen llamar «pobres caballeros de Cristo»; mendigan y viven como pordioseros pero son, sin duda, los primeros templarios.

La genial e innovadora idea que diferenciará esta orden de las demás consiste en que los templarios son a la vez monjes y soldados. San Bernardo, sobrino de André de Montbard, parece el propagador convencido de esta milicia: fue él quien le otorgó reglas estrictas y quien habría decidido su misión, su futuro. San Juan, el Evangelista de Patmos, es su protector, su guía espiritual; además, estos valientes caballeros dedican un culto ilimitado a la madre de Cristo.

Primeras preguntas, primeros misterios

¿Cuál era la misión de la orden del Temple? Oficialmente, proteger a los peregrinos, pero ¿podemos aceptar razonablemente esta respuesta? Otras órdenes cumplían esta tarea, como los hospitalarios de San Juan Bautista. Los templarios, nueve caballeros, no aportaban realmente una fuerza indiscutible y valiosa, y sin embargo estaban encargados de los servicios policiales de Palestina… Este es uno de los primeros misterios que constituirá el extraño aura de la orden.

Otra pregunta se refiere a la presencia de estos nueve monjes soldados durante nueve años (la cifra se repite) en el templo de Salomón, del que heredaron el nombre. En esos nueve años pasados en Tierra Santa, la historia desvela muy poco sobre las actividades de los «Mantos blancos», como se les llamó a partir de 1148, cuando el Papa les diera un hábito de manto blanco y cruz roja, la cruz paté.

Reina el mayor de los misterios sobre el motivo de su estancia allí. Sin embargo, no podemos dudar de que fue una elección propia, por no decir calculada, la de instalarse en un lugar cargado de historia y… de otras cosas.

El reconocimiento de la Iglesia

A cabo de esos nueve años, los templarios regresan a Francia y comienzan a aumentar sus efectivos. En poco tiempo, de nueve pasan a ser más de trescientos monjes soldados, que dominan a más de tres mil personas.

El nacimiento oficial

En el año de gracia de 1128 nace «oficialmente» la orden. Hugo de Payns presenta los estatutos de su milicia en el Concilio de Troyes. Los templarios hacen voto de castidad, de pobreza y de obediencia, pero se realizan adaptaciones para que las funciones del templario soldado no se vean alteradas por las obligaciones del templario monje, y viceversa.

Los privilegios

La orden dispone también de cierta cantidad de privilegios: está exenta de tasas e impuestos, pero puede cobrarlos y, por supuesto, no se priva de ello. Ella misma y el soberano pontífice son los únicos jueces de sus acciones, pero aplica en sus tierras la justicia y el derecho feudal. Para resumir, diremos que la orden de los Caballeros del Temple es bastante poco democrática, puesto que decide todo lo que le concierne sin tener que rendir cuentas. Es una orden bancaria que presta dinero, administra bienes inmobiliarios, se ocupa de transacciones... Poco a poco se convierte en un Estado en el Estado: fuerte, rico, soberano, pero codiciado y molesto... ¡El precio de la gloria!

Hipótesis sobre los motivos de la existencia de la orden

Una vez planteados los primeros enigmas, resulta conveniente proponer respuestas. Con esta finalidad, los diferentes autores se han dedicado a dar las más acertadas, pero también a hacer las peores especulaciones. Con toda la buena fe del mundo, en el estado actual de las cosas es totalmente absurdo afirmar que alguien posee las verdaderas respuestas. Algunos indicios, así como el contexto de esta creación de los templarios como «generación espontánea», favorecen los esbozos de numerosas hipótesis. Pero estas deben ser tomadas únicamente como tal.

La Champagne, epicentro de la creación de la orden

Entre las pistas y los elementos que hay que recordar, debe tenerse en cuenta el punto de partida, el epicentro de este curioso nacimiento, es decir, la Champagne. Y es que, efectivamente, Hugo de Payns, el fundador de la orden, nació en Payns, fue oficial de la casa de Champagne y participó en la primera cruzada; se encontró junto a Hugo de Champagne en Oriente hacia 1105 y regresó en 1114. Más tarde, en 1125, este mismo Hugo de Champagne se unió al «grupo fundador», dejando a su mujer y a sus hijos.

¿Qué razón llevó al conde de Champagne fuera de sus tierras para convertirse en Tierra Santa en el décimo elemento de un lastimoso grupúsculo «okupa» de los últimos restos del templo de Salomón?

El conde debía de tener razones más que primordiales. Por otra parte, no hay que olvidar las relaciones reales que existían entre el conde, Hugo de Payns y el joven Bernard de Clairvaux, futuro san Bernardo y sobrino, recordemos, de André de Montbard. Parece evidente que la partida de Hugo estaba motivada por la presencia de los nueve caballeros del templo. ¡Tenía que unirse a ellos, obrar junto a ellos!

Todo lleva a creer en la conspiración de una camarilla que se constituye, y prepara el terreno y su futuro.

¿Qué iban a hacer allí?

La pregunta sigue careciendo de respuesta. Se habla del Santo Grial, del Arca de la Alianza, de las Tablas de la Ley, del candelabro de siete brazos... Se habla mucho y no se demuestra nada, es verdad, pero lo cierto es que el descubrimiento y, posteriormente, la conservación de uno o varios objetos sagrados son totalmente plausibles. La existencia de la orden puede haberse basado perfectamente en estos maravillosos y venerables objetos, lo cual no impediría que a medida que fueran evolucionando, los dignatarios de la orden añadieran otras razones espirituales y materiales a los objetivos iniciales de los templarios.

La estructura templaria

Toda organización tiene que reposar en una estructura jerárquica fiable, capaz de la mejor disciplina. La orden del Temple, auténtica empresa tentacular, tenía una estructura que se adaptaba a todas sus necesidades. En la cima de la orden encontramos al gran maestre portador de su bastón de mando, el báculo, coronado por una esfera sobre un cubo para indicar el paso del círculo al cuadrado, la famosa cuadratura del círculo que sigue siendo un rompecabezas para los estudiosos pero que los templarios y sus compañeros constructores habían resuelto hacía mucho tiempo. Aplicaban la teoría a la práctica para construir catedrales. La esfera sobre el cubo simbolizaba también en aquella época que la Tierra es redonda y no plana como lo pretendían los dogmas de la Iglesia. Como marineros, los templarios no podían ignorar esta realidad que hasta entonces constituía una herejía.

El *báculo* simbolizaba también el Verbo, la palabra, el arte de hacer cábalas. Este bastón era un atributo importante de la función del gran maestre; también es uno de los arcanos menores del tarot. Aquí tenemos una de las revelaciones que podemos hacer y que es importante. El gran maestre de la orden del Temple sintetiza el conjunto de los arcanos del tarot. En calidad de soldado, va armado con una espada; en calidad de padre abad, lleva una copa a sus labios (¿y tal vez posee incluso el Grial, descubierto con el Arca?); como gran maestre de los templarios, es dueño de la fortuna y administra también la de los estados; por lo tanto, posee riqueza (los Oros); y, como jefe de guerra, jefe espiritual e iniciado, lleva el bastón, el báculo.

La orden del Temple, en su conjunto, sintetiza los 22 arcanos mayores, entre los que está el que no lleva número, el Loco.

Veamos brevemente el simbolismo de los arcanos menores. Los Bastos indican, por supuesto, el poder, la varita mágica, el bastón de mando. Un detalle interesante es que Moisés, alejado en el espacio y el tiempo de la búsqueda espiritual de los templarios, descubrió una fuente gracias a su bastón y a la ayuda de Dios (Éxodo, 17, 1-6).

Las Copas son sin lugar a dudas el Grial; el vaso de la abundancia que contiene también la bebida de la inmortalidad, y tal vez sea en ese sentido como se puede esperar una persistencia secreta de la orden del Temple. El hombre recibe por fin su destino de la mano de Dios, contenido en una copa...

Las Espadas son el aire que penetra en la materia y le da una nueva dimensión. Este arma representa una cruz...

Los Oros simbolizan la Tierra, la iniciación subterránea... El círculo representa también la Trinidad, síntesis de la «tri-unidad», es decir, la unidad divina, triple y única a la vez.

El gran maestre de la orden del Temple recobra así una dimensión diferente, se convierte realmente en el gran iniciado, el único y verdadero jefe espiritual de los hombres, ¡aquel que está en poder del conocimiento!

Cuando el Papa fue consciente del poder económico y político de la orden, se hizo evidente para él que el Temple era más que un peligro, un verdadero rival para la Iglesia. Había que eliminarlo.

El gran maestre era elegido y considerado, en cierto modo, como representante de Dios, abad de la orden y general militar. Pero no había, como algunos autores han afirmado, ningún gran maestre secreto; se trata sencillamente de un mito muy arraigado.

El siguiente grado en la escala jerárquica, según la orden estuviera en Palestina o en Occidente, correspondía a un consejo constituido por senescales, mariscales y comendadores, siempre agrupados por parejas. También podía haber un gobernador de la ciudad, como ocurría en Jerusalén.

A continuación se encontraban:

— los comendadores de región;
— los comendadores de casa (los fuertes);
— los comendadores de los caballeros;
— los caballeros;
— los hidalgos;
— los sargentos;
— los hermanos legos;
— los turcópolos, una especie de voluntarios de los lugares ocupados.

El ejército templario se desplazaba por sus propios caminos y se alojaba en sus propiedades, que eran mantenidas por personas pagadas y alojadas por la orden del Temple, desde campesinos hasta panaderos y artesanos de todos los oficios.

En Tierra Santa, el Temple luchaba en las cruzadas; en Occidente, en cambio, constituía uno de los mayores elementos de civilización y protección. En resumen, la orden del Temple era una gran organización que actuaba en numerosos campos.

Del auge a la desaparición

Carpe diem.
«Aprovecha el día».
Horacio

El papel de San Bernardo

En la estructura de la orden, San Bernardo aprovecha muy pronto el poder que se pone a su disposición. Bernardo, un monje joven, es tan bueno como jefe conductor de hombres que como jefe espiritual. Sabemos con qué inteligencia convencía a los dignatarios laicos y religiosos. En 1115 fundó Clairvaux. Espectador de un auténtico cisma cuando Anacleto II tomó el poder, Bernardo llegó a la conclusión de que sólo un grupo espiritual y militar podía restaurar el orden de la Iglesia en aquel momento. Su papel es primordial, pero tras su desaparición en 1153, año en que su tío se convierte en el quinto gran maestre, la orden no pierde poder; llegará a extender su área de influencia, sus posesiones y sus efectivos. Tal vez esta sea su principal misión: intervenir en el mundo.

Los templarios se vuelven ineludibles

Los templarios están en todas partes, en Europa, en Oriente Próximo y en Oriente Medio. Administran encomiendas, casas, fortalezas; crean su propia red de caminos (la primera desde las vías romanas); garantizan el mantenimiento y la guardia. Los reyes les consultan, los sucesivos papas hacen referencia a su inteligencia; intervienen en la política internacional, intercambian con los pueblos musulmanes no sólo golpes de espada sino también cantidades fabulosas de saber, aunque normalmente lo hacen en secreto. Son promotores de las grandes catedrales góticas que florecen en toda Europa; son benévolos con los cátaros; y poseen la flota de navíos más importante del mundo, cuyo principal puerto es La Rochelle.

¿Pretendían dominar el mundo?

El poder provoca envidias. Las órdenes opuestas, como los hospitalarios, no ven con buenos ojos la fuerza de los templarios. Aunque en algunos combates hacen frente común, llegan a enfrentarse a los templarios y acaban luchando contra ellos.

Los reyes también se sienten cada vez más arrinconados: empieza a serles difícil tomar decisiones sin el acuerdo del gran maestre templario, con su cabello corto, su barba espesa y una mirada severa y ¡un báculo (bastón de mando) amenazador!

La posición de los papas

Los papas se mantienen neutrales y siguen concediendo su confianza a los caballeros del Temple... hasta que un día...

El principio del fin

El éxito de una persona —eso sigue siendo válido hoy— es mal admitido por los demás, suscita envidias y molesta. Los templarios se crearon enemigos no sólo entre los infieles sino también en el reino cristiano de Francia, donde se masca la tragedia en el secretismo de las oscuras salas de los castillos y del palacio de los papas en Aviñón, en 1305.

Felipe el Hermoso y los templarios

Felipe IV el Hermoso se convierte en rey de Francia en 1285 y se opone de forma violenta a la Iglesia del papa Bonifacio VIII. Manda encarcelar al obispo de

Pamiers y las relaciones entre el rey y la Santa Sede no se arreglarán hasta la época de Clemente V. Felipe el Hermoso se lanza también a guerras costosas, principalmente contra Flandes, y pierde tanto dinero que se ve obligado a pedir prestadas grandes cantidades... a los templarios.

Es realmente demasiado para este rey inteligente y orgulloso. Ante él surge una ocasión demasiado buena como para dejarla escapar. Está decidido: cogerá el dinero del lugar en el que está, es decir, de los cofres de la orden. Un proceso contra estos monjes soldados será un buen pretexto para recuperar las riquezas templarias y, de paso, para hacerlos desaparecer. Una vez tomada la decisión, Felipe el Hermoso trabajará con la complicidad de Guillaume de Nogaret y luego con la del papa Clemente V, sin descanso, para conseguir su terrible objetivo: la desaparición de la orden del Temple. Al menos estos son los motivos aparentes, los que la historia ha querido recordar. Pero puede que hubiera otros motivos.

Un extraño final: la redada del 13 de octubre de 1307

Aunque parezca increíble, la orden más poderosa del mundo, de una fuerza formidable, con unos medios sin igual, una organización excepcional, un ejército entrenado, unos estatutos que la protegían totalmente, un verdadero Estado, es borrada en unas horas por unos cuantos guerreros evidentemente menos fuertes y menos equipados que los templarios.

¿Acaso estaba al corriente el gran maestre?

Los servicios del rey y de Nogaret son muy eficaces, pero el éxito de la operación policial es casi increíble: la orden del Temple tiene servicios de información más serios y medios de comunicación indiscutibles.

Es absurdo pensar que el gran maestre, Jacques-Bernard de Molay, ignoraba todo lo que se estaba tramando. Estamos seguros —porque resulta evidente— de que lo sabía (una carta con fecha de 9 de julio de 1307, enviada al gran maestre por el papa Clemente V, lo previene de una maquinación en curso, y el rey da orden de la operación el 14 de septiembre). Molay sacrifica deliberadamente la orden y su propia persona por razones que desconocemos; pero también estamos convencidos de que el gran maestre y los altos dignatarios de la orden habían preparado este fin casi orquestado.

Las arcas están vacías

Los agentes del rey, ocupados en los arrestos, dejan escapar lo más importante: los «grandes tesoros» de los templarios. El rey no consigue poner a flote las arcas del Estado después de la batida, lo que demuestra que las fuerzas policiales eran esperadas... Las encomiendas están vacías, ¡no hay ni dinero ni documentos! Sin embargo, se sabe que existen los documentos y el dinero. ¿Qué sería de ellos?

El viernes 13 de octubre de 1307, todos los templarios del reino de Francia son detenidos: es el fin de la orden.

Las razones de la desaparición de la orden

Es evidente que son muchas: su riqueza, su arrogancia, su poder político y su fuerza militar son razones más que válidas como pretexto para una operación de aniquilación. No obstante, más allá de esos móviles materiales, no podemos dudar que los objetivos espirituales de la orden eran mucho más molestos para las instituciones reales y papales.

La adhesión de Felipe el Hermoso al Papa

El hecho de que Felipe el Hermoso se aliara con el Papa cuando su oposición a la Iglesia era tan intensa parece un claro indicio de que ambos encontraron al menos una buena razón para hacer frente común contra la orden del Temple.

El comportamiento de los templarios a lo largo de los años de poder permite pensar que sus fuerzas materiales iban a proporcionarles los medios para establecer, por qué negarlo, una nueva civilización.

Las relaciones con los musulmanes

Las estrechas relaciones entre la orden y los sabios musulmanes, así como la benevolente neutralidad que mostraban hacia los cátaros, son una prueba de su apertura de espíritu. El escritor Umberto Eco apunta incluso en su obra *El péndulo de Foucault* que los templarios tenían proyectos internacionalistas.

Una apertura al mundo

En pleno feudalismo, modelo de sociedad introvertida, porfiada y dogmática, los templarios se abrían al mundo en contra de todo este sistema. Desde el comienzo, los dignatarios intentaron establecer otra forma de cultura, de evolución, basada en nuevas ciencias, nuevos valores, nuevas creencias, nuevas doctrinas. Para conseguirlo, tal vez incluso desearon basarse en conocimientos precisos de los que eran los únicos depositarios desde los orígenes de la orden.

En la actualidad se sabe que la orden del Temple poseía información molesta sobre la cristiandad y los linajes reales de Francia...

Una posible sucesión

> *Desinit in piscem.*
> «Acabado en cola de pez».
> Horacio

No todos los templarios están en la cárcel

Ese magnífico edificio que cayó de forma tan rápida, ¿desapareció realmente? No, en la realidad las cosas no funcionan tan rápidamente como en los libros. Al día siguiente del 13 de octubre de 1307, no todos los templarios habían sido detenidos y encarcelados, por razones evidentes: la orden residía en varios territorios: en Francia, por supuesto, pero también en España, Inglaterra, Portugal, Palestina; unos pocos en Alemania, Italia… La operación policial sólo tuvo lugar en Francia, y por lo tanto, algunos templarios no cayeron bajo arresto.

Por otra parte, en Francia mismo, todos los miembros de la orden no fueron objeto de encarcelamiento. Los templarios eran demasiado numerosos y había muchos hermanos legos, hidalgos, capellanes y sacerdotes que no tenían ningún interés para los hombres de Nogaret. Fueron básicamente los dignatarios de la orden los encarcelados. La cantidad de templarios que quedaron en libertad no era despreciable.

Algunas encomiendas no fueron molestadas

Algunas encomiendas escaparon de la red de la justicia real y papal, por ejemplo la del Bézu, situada en Aude, a pocos kilómetros de Rennes-le-Château, uno de cuyos señores, Bertrand de Blanchefort, fue un gran maestre... Otras encomiendas del Rosellón tampoco fueron atacadas —o al menos en un principio— por los hombres de Nogaret, como la del Mas-Déu, la de Lastour, la de Sournia, la de Fenouillèdes...

Desapariciones sospechosas

En el Bézu, los templarios fueron alojados amablemente por el señor de Voisins. En el Mas-Déu, había veinticinco templarios en temporada normal; en 1319, doce años después de la operación policial, sólo quedaban diecisiete, y diez años más tarde, únicamente once.

¿Qué ocurrió entonces con los desaparecidos, de los que no quedó ni huella?

En el fondo importa poco. Lo que cuenta es la constatación de que los templarios siguieron viviendo como tales tras el arresto y la muerte en la hoguera de Jacques-Bernard de Molay, el 18 de marzo de 1314, en la isla que hay más abajo de la Île de la Cité, en París.

La maldición

El último jefe supremo de la orden, poseedor probable de los secretos de la humanidad desde sus orígenes, lanzó más allá de la hoguera su terrible maldición…

El 20 de abril de 1314, el papa Clemente V (Bertrand de Got) murió fulminado por una disentería incurable. El 29 de noviembre de ese mismo año le tocó al rey entregar su alma a Dios al caerse de un caballo.

La creación de una leyenda

Todas las noches entre el 12 y el 13 de octubre, según la leyenda, una campana de plata escondida por los templarios del Bézu en un pozo toca a muerto. Los fantasmas, despertados por la campana, salen del cementerio para rezar y cantar en la capilla... ¿Es posible que los templarios fantasmas yerren en busca de su dignidad injustamente perdida?

Sucesiones reales y sucesiones secretas

La obra de la «Santa» Inquisición fue muy laboriosa en este asunto de los templarios y parece evidente que los más altos responsables de la orden adoptaron disposiciones antes, durante y después de su caída.

Molay, como se ha demostrado, dispuso de un lapsus considerable de tiempo entre el momento en que se dio la orden de intervenir y el fatídico día del 13 de octubre. La lógica nos impone esta conclusión: el gran maestre y sus asistentes tomaron las medidas necesarias para proteger los bienes que lo merecían: documentos y hombres dignos de administrar la clandestinidad que llegaría, capaces de asumir responsabilidades en la recta línea espiritual del Temple.

Durante la persecución y después de ella, las cosas se hicieron con calma.

Acusaciones falsas

En 1312, un concilio general reunido en Viena tenía que juzgar a los templarios. No volveremos a hablar de las acusaciones falsas, como son los ataques a las buenas costumbres, las herejías, las prácticas de brujería, la alquimia y otras «faltas» del mismo tipo. Por supuesto, no todos los templarios eran corderitos puros e inocentes pero, en conjunto, el pueblo no podía más que alabar las actividades templarias a todos los niveles.

El veredicto a medias tintas del proceso

De hecho, al término de este proceso, los templarios no fueron realmente condenados, o al menos no todos; la orden fue únicamente privada de sus bienes, que pasaban a los hospitalarios, convertidos en la actualidad en la orden de Malta. En Italia y Alemania la orden fue absuelta.

Podemos ver que, a pesar del poder disuasorio del proceso, los resultados fueron escasos y las acusaciones débiles…

Un nuevo destino para los supervivientes

Sin embargo, para la orden de los caballeros del Temple nada volvería a ser como antes, y el destino de sus miembros se convirtió en la larga búsqueda de una nueva situación, de una nueva tranquilidad. Muchos abandonaron el manto blanco con la cruz paté.

Unos se unieron a otras órdenes caballerescas, otros, a otras órdenes religiosas, regulares o seculares.

En Aragón, los templarios se unieron a la orden de Calatrava y a la orden de Santiago de Compostela. En Portugal, el rey creó especialmente para ellos la orden de los Caballeros de Cristo, lo que indica la estima en que los tenía. Allí, los templarios y sus bienes emprendieron otro camino, otro destino.

Por último, algunos apuntan que la orden del Temple ha perdurado a través de los siglos, a la sombra y en secreto. Aunque este fuera el caso, no se podría comprobar. Algunos grupos de camaradería, masónicos o rosacruces, pretenden que son herederos de la orden desaparecida, pero en realidad no son portadores del espíritu templario.

Las carabelas de Cristóbal Colón

El 3 de agosto de 1492, el almirante Cristóbal Colón sale a la mar con sus tres barcos, la *Pinta*, la *Niña* y la *Santa María*, con la intención de alcanzar las costas de la India, aunque termina desembarcando en América. Sus carabelas enarbolan en las velas blancas la famosa cruz paté de la orden del Temple. ¿Es una casualidad o una prueba de la afiliación secreta de Colón a la orden desaparecida?

La controversia

¿Qué no se ha dicho de este navegante? Es evidente que Cristóbal Colón no descubrió América, porque, y esto es una certeza, antes de él los vikingos y probablemente los marineros celtas ya habían abordado las costas del nuevo continente. Aun así, siempre fingimos creerlo, porque es más fácil y evita que se planteen preguntas molestas. Del mismo modo, muchos hechos de la vida de Colón han sido olvidados o dejados de lado; sin embargo, son apasionantes e instructivos.

Hacia 1630, un famoso historiador, Salvador de Madariaga, editó en Inglaterra y luego en Francia una obra declarada herética: *La véritable histoire de Christophe Colomb (La verdadera historia de Cristóbal Colón)*. En este libro, el autor afirma que el almirante ya había ido a las Indias Occidentales (América), guiado por la información de un experimentado piloto.

Esto demuestra, por una parte, que Colón no quería llegar a las Indias y, por otra, que algunos marineros, con seguridad poco numerosos, iban y venían del viejo al nuevo continente. Que se dude de su relación con ese piloto es admisible, pero no podemos poner en duda que Cristóbal Colón se embarcó hacia las Américas guiado por un mapa de navegación procedente del físico florentino Paolo del Pezzo Toscanelli, mapa que proporcionaba la ruta que había que tomar para llegar a las

Indias Occidentales. Según parece, Colón había robado ese mapa, razón por la cual huyó de Portugal...

¿Miembro del Temple?

Cristóbal Colón no sólo era un personaje extraño: su firma, compuesta por un triángulo, formado a su vez por cuatro pequeños triángulos, permite suponer, según cabalistas eminentes como Maurice Privat, que era miembro de la orden del Temple.

Sin llegar a aceptar esta hipótesis, el solo hecho de enarbolar la cruz de la orden en las velas de sus carabelas es para nosotros, como mínimo, un indicio de reconocimiento hacia esta y más probablemente hacia los marineros que viajaban a América, herederos de los navegantes templarios del pasado. Una vez dicho esto, hay que añadir que Colón mantenía estrechas relaciones con la orden de Calatrava, «sucesora» de la orden del Temple.

En la ruta hacia América

Esta es la cuestión que tenemos derecho a plantearnos. No hay nada absurdo ni imposible en ello. Cuando se levantan las barreras del oscurantismo, las cosas son más accesibles.

Como hemos visto, mucho antes de Cristóbal Colón otros marineros habían alcanzado las tierras americanas; dejando a un lado a los vikingos, los celtas, los vascos y los templarios, otros navegantes menos conocidos siguieron ese camino.

La humanidad es así: incapaz de permanecer en un mismo lugar, siempre deseosa de realizar descubrimientos y vivir aventuras. Una vez abierta una ruta, rápidamente es frecuentada por numerosos viajeros.

Para los templarios eso no tenía que constituir ningún problema. La orden era poderosa, tenía grandes fortunas, disponía de mano de obra eficaz, capaz de construir catedrales y también de fabricar naves. De hecho, la orden del Temple tenía una flota impresionante de barcos mercantes cuyo puerto de amarre se situaba esencialmente en La Rochelle. Esto es sorprendente, porque lo normal es que la orden tuviera puertos en las costas del canal de La Mancha, desde los que poder llegar a Inglaterra, y en las costas del Mediterráneo, desde donde comerciar con todas las costas bañadas por este mar; sin embargo, el puerto estaba en el Atlántico, algo sorprendente... ¡A menos que los templarios se dirigieran precisamente a América!

La importancia estratégica de La Rochelle

Al menos diez rutas templarias parten de La Rochelle y se dirigen hacia otras regiones de Francia, lo cual demuestra la importancia de esta ciudad para la orden. Constituye para ella el emplazamiento de una casa provincial que dirige todas las encomiendas de una amplia región.

Un puerto, una flota, una ciudad templaria poderosa provista de rutas bien guardadas por los miembros de la orden y, al otro lado del océano, tierras desconocidas, alejadas de los hombres del rey de Francia y de los terribles inquisidores. Estas son las razones para designar La Rochelle como una perfecta base de retaguardia, una salida de emergencia para todo lo que la orden tuviera que proteger: bienes, documentos y hombres.

Ciertos documentos relativos al proceso de los templarios, conservados y registrados en la biblioteca del Vaticano, recogen un importante acontecimiento ocurrido unos días antes del arresto general. Jean de Chalon, del templo de Nemours, narra en esas minutas del acta de 1308 que la víspera del gran arresto vio tres carros cubiertos de paja en los que los cofres con el tesoro del gran visitante de Francia dejaron el templo de París bajo las órdenes de Gérard de Villiers. Tomaron la ruta de la costa, donde los cofres tenían que ser cargados en diecisiete navíos de la orden…

Diecisiete barcos para tres cofres: no hace falta decir que además de los cofres parisinos otros llegarían al puerto. En cuanto a este, parece que sólo podía tratarse de La Rochelle. Los demás puertos templarios eran vías hacia tierras favorables al rey de Francia o, en todo caso, que no deseaban una oposición directa con él. El tránsito marítimo por esos lugares era un riesgo que los templarios evitaban utilizando La Rochelle y su poderosa flota para un viaje hacia tierras de América, alejada todavía de la codicia occidental. Estos carros no figuran en ningún inventario de incautación, y los barcos de La Rochelle de la orden del Temple desaparecieron de la circulación sin que nunca más se supiera de ellos. Hay que reconocer que es sorprendente.

Rastros amerindios

El profesor Jacques de Mahieu afirma en su obra *Les Templiers en Amérique (Los templarios en América)*, que las pruebas de la presencia templaria en el nuevo continente son ineludibles y numerosas. Por ejemplo, aparecen cruces patés templarias en esculturas procedentes de civilizaciones americanas precolombinas. Hay palabras comunes entre el francés y esas lenguas; por último, lo que demuestra de forma definitiva los intercambios entre Francia, por los templarios, y esas civilizaciones más tarde dominadas por los españoles, es la representación de un indígena americano con plumas y arco en el sello secreto de la orden, *secretum Templi*. Ese sello fue incautado por los soldados del rey Felipe.

La doctrina de los templarios

El esoterismo templario

Felix qui potuit rerum cognoscere causas.
«Feliz quien conoce las causas secretas de las cosas».
VIRGILIO

Al principio estaba San Bernardo

El conjunto de las acciones de la orden durante casi dos siglos permite suponer que se movía por intereses concretos, mantenidos en secreto desde sus orígenes.

Nada de lo que guarda relación con la orden del Temple es banal, empezando por San Bernardo.

Al regresar a Troyes Hugo de Payns y cinco de sus compañeros, San Bernardo les impuso la norma que sería aplicada por la orden hasta su desaparición.

Esta norma se inscribe en la recta línea del Císter y es adoptada de forma definitiva en el Concilio de Troyes, presidido por el propio San Bernardo y celebrado en enero de 1128. Este hombre, indudable figura de referencia, aparece como el auténtico creador de la orden del Temple, cuyo nombre mismo es bien extraño en ese siglo, en el que el templo de Salomón evoca el Antiguo Testamento…

Sea como fuere, todo surge de este santo abad de Cîteaux. San Bernardo dicta la norma a la orden y parece también imponer muchos de sus símbolos.

Esta es la parte sumergida del iceberg templario, que constituye para nosotros la ocasión de penetrar un poco más en el ámbito de la espiritualidad de esta orden mítica.

Los símbolos

¿Qué es un símbolo?

Según el diccionario Larousse, se trata de una palabra masculina que procede del griego *sumbolon*, «signo»: «Signo figurativo, ser animado o cosa que representa un concepto del que es imagen, atributo o emblema […]. La balanza, símbolo de la justicia. Representación convencional de algo […].»

Actualmente, todas las capas de la sociedad utilizan símbolos; podemos afirmar que, sin ellos, nuestra vida se regularía de otro modo, incluso se desmoronaría.

El símbolo es un medio, un instrumento comunicativo. Un logotipo es un símbolo; ¿quién no utiliza símbolos? Los *graffiti* y los *tags* también son símbolos. No expresan necesariamente ideas, doctrinas, sino más bien una forma de violencia canalizada a través de los aerosoles y los soportes de cemento.

En política, mediante frases alambicadas, los responsables de los partidos también utilizan símbolos. Para ellos, «es el arte de decir las cosas sin dar la impresión de haberlas dicho, haciendo todo lo posible para que algo se sepa sin mostrar que se pretende que sea sabido»…

En la época de los templarios era exactamente lo mismo. Cuando alguien es portador de mensajes o de pensamientos subversivos, como los templarios, con el fin de evitar graves problemas con las autoridades religiosas (de las que, además, dependía la orden), era imperativo utilizar símbolos para hacerse entender sin riesgo a ir a la hoguera.

Los símbolos templarios

La orden del Temple ha utilizado numerosos símbolos. La cruz paté que figuraba en los mantos blancos y que era esculpida en piedras, en capillas y, sobre todo, en encomiendas…; el Bausán, estandarte de la orden, mitad sable y mitad plata, es decir, negro y blanco; cifras como el 7, el 8, el 5; y, para cerrar la lista, el famoso Bafometo, especie de ídolo que sirvió de excusa para la acusación y el proceso.

Tanto si se trataba de símbolos gráficos como si eran, simplemente, prácticas en el seno de la orden, unos y otros transmitían mensajes. Mal entendidos o, por el contrario, demasiado bien entendidos, fue fácil utilizar tales argumentos para su condena.

La arquitectura, vehículo de la simbología templaria

Los templarios, a lo largo de su existencia, manipularon el símbolo con un arte consumado. Destacaron en las construcciones denominadas *templarias* y también en las famosas catedrales góticas, cuya construcción, cabe recordar, era financiada por la orden cuando a Francia le faltaba dinero.

Estas construcciones nacen casi al mismo tiempo en todo el territorio francés. Sólo la orden podía pagar a los obreros, los maestros y los materiales, y sólo la orden podía formar a tantos trabajadores.

Hay que decirlo sin rodeos: sin la orden del Temple, Francia no tendría esas extraordinarias naves de piedra que ninguna empresa actual sería capaz de construir y que ningún país del mundo podría financiar. Cuando tomamos conciencia de esto, empezamos a ser conscientes de lo que era realmente la orden del Temple.

Los símbolos en la piedra esculpida

En ninguna catedral se privó la orden, a través de los brazos de sus obreros, de utilizar símbolos esculpidos en piedra. En una vemos asnos coronados con mitras, en otra vemos cerdos vestidos con hábitos religiosos, en otra vemos el sol de siete rayos…, muchos signos que la orden tenía que justificar ante los clérigos para no ser tachada de herética.

¿Caprichos de artista? Por supuesto que no: había una voluntad real de grabar para la eternidad símbolos que heredarían muchas generaciones.

Los templarios no hacían nada al azar, sino que todo estaba meticulosamente calculado, elaborado y ejecutado. Es conveniente también apuntar que las catedrales góticas no fueron instaladas en lugares cualesquiera. Los emplazamientos elegidos, muy a menudo, eran lugares donde antes había existido algún antiguo culto pagano, sobre viejos dólmenes o menhires.

Los imperativos astronómicos

Las catedrales respondían a imperativos astronómicos. La planta de algunas de ellas representa una constelación, la de Virgo (la *constelación de la Virgen*). Habida cuenta de la veneración incondicional de los templarios por la Virgen, se deduce que no fue ninguna casualidad.

Si tomamos un mapa de Francia y marcamos las ciudades de Bayeux, Rouen, Abbeville, Amiens, Laon, Reims, París, Étampes, Chartres y Évreux, obtenemos la reproducción exacta de la constelación en cuestión. Notre-Dame de l'Èpine *(Nuestra Señora del Espino)* se encuentra en la posición de una de las estrellas de la constelación de Virgo, La Espiga.

¿Por qué estos guiños? ¿Y por qué los templarios mandaron construir catedrales en antiguos lugares druídicos? Un poco más adelante encontraremos las respuestas.

Los números sagrados

Los templarios tenían una misión, además de la consistente en proteger las rutas de las cruzadas o del país. Resulta imposible aceptar esta tesis de simples protectores. Este papel lo desempeñará la orden del Temple con el tiempo, con su presencia en Tierra Santa, pero no los primeros años, en vistas del muy reducido efectivo templario.

Detrás de sus acciones comienzan a asomar objetivos humanitarios a escala internacional. En el fondo tal vez fueran los primeros «universalistas». Concretaban su filosofía, sus objetivos, apoyándolos en una aritmética sagrada, divina.

El número 2

El Bausán, estandarte de la orden, ostentaba una parte de esta divina medida, y podremos comprobarlo enseguida, pero lo que parece adoptar mayor importancia en este símbolo templario orgullosamente erigido a la vista de los adversarios es esa alternancia u oposición de los colores blanco y negro que lo componían.

La dualidad, tanto en el sentido literal como en el figurado, es una de las bases de la filosofía y la espiritualidad templaria. De hecho, su organización jerárquica estaba basada en el número 2, en la pareja.

El número 3

El número 3 ocupa otro puesto importante para los templarios, que tenían 3 caballos, tomaban 3 comidas al día, hacían 3 ayunos durante el año, comían carne 3 veces por semana y realizaban 3 votos. Tenían que combatir contra 3 adversarios y resistir 3 asaltos en combate singular antes de defenderse. Era una manera de rendir homenaje a la Santa Trinidad, manifestación perfecta de la «tri-unidad» divina.

Por último, como aparece representado en el sello de la orden, los templarios iban siempre en pareja sobre un caballo…, es decir, un total de 3.

El número 8

Por su parte, la arquitectura templaria —ya que se puede hablar de una arquitectura propia del Temple— se basa muchas veces en el 8, número de

Cristo y que, colocado en horizontal, representa el infinito.

Las capillas octogonales, que son creación de la orden, servían para la comunión del grupo, para la iniciación. Representan el paso de la muerte a la resurrección, el paso de las tinieblas a la luz. El número 8 es el de las ruedas de los druidas celtas. El 8 corresponde al Nuevo Testamento. Marcel Brion, en su libro *Leonardo da Vinci*, explica que «el octógono evoca la vida eterna que se alcanza al sumergir al neófito en las fuentes bautismales».

El octógono es la pieza secreta del templario, que se asemeja, por su función, a la cámara del rey de la Gran Pirámide, que nunca fue una tumba, y experimenta la fuerza espiritual del caballero frente a la reconstrucción de la resurrección de Cristo, su renacimiento.

Las tres mesas

Casi todas las capillas templarias tienen forma octogonal y son todas lugares esenciales; son herramientas preponderantes de la mutación, de la transformación y de la iniciación del caballero del Temple. Las estructuras, la arquitectura de las construcciones templarias responden a las leyes de la armonía universal, de la armonía sagrada. El número de oro es, sin duda, una referencia ineludible de esta *geometría* (es decir, la medida de la Tierra).

> ### *LA BÚSQUEDA DEL GRIAL*
>
> *El templario en evolución tiene que renacer a lo largo de su búsqueda divina del Grial.*
>
> *Hay que evocar a Wolfram von Eschenbach y a su Parsifal, cuando habla el ermitaño de Trévrizent: «Esto es algo que sé; unos valientes caballeros tienen su morada en el castillo de Montsalvage, donde se guarda el Grial. Son templarios que suelen ir a cabalgar lejos en busca de aventuras. Sea cual sea el resultado de sus combates, gloria o humillación, lo aceptan con el corazón sereno como expiación de sus pecados. En este castillo reside un grupo de altivos guerreros. Deseo deciros cuál es su sustancia: todo lo que toman de alimento les viene de una piedra preciosa, que es pura en toda su esencia. Si no la conocéis, os diré su nombre: es denominada* Lapis ex Coelis, *la piedra caída del cielo». Otto Rahn veía en Montsegur —una de las ciudadelas más famosas de los cátaros, lugar solar y telúrico— las ruinas del castillo misterioso de Montsalvage (el monte de la salvación) que escondería el Santo Grial, según von Eschenbach y Richard Wagner.*

La relación 2-1

Igual que los cofrades, los templarios basan su geometría sagrada en el postulado simbólico de que el Santo Grial, que contiene la sangre de Cristo, había sido puesto sobre 3 mesas. Una era redonda; la otra, cuadrada, y la tercera era una mesa rectangular formada por 2 cuadrados. Ahora bien, estas 3 mesas tienen la misma superficie. Su número está en relación 2-1, y no 21 como a veces se ha indicado. Una relación 2-1 podrá verla, quien sepa observar, en las famosas pirámides egipcias, que no cesan de plantearnos preguntas con una arrogancia que desafía los siglos. 2-1 es también la relación que guiaba la proporción del templo de Salomón, tan apreciado por nuestros templarios (recordemos: 2 caballeros sobre 1 caballo; el sello de la orden está claro). Las medidas del templo de Salomón pueden leerse en el Libro de los Reyes.

Las 3 mesas y la relación 2-1 se encuentran también en las catedrales.

El número de oro

El rectángulo de proporción 2-1 tiene una diagonal igual a la raíz cuadrada de 5. Si se aumenta esta diagonal con la longitud del rectángulo y se divide todo entre 2, se obtiene: 1,618. Es el número de oro, el límite de la serie de Fibonacci, el hijo de Bonacci.

Por esta razón, iniciados por los maestres de la orden, los obreros de la Edad Media erigieron sus naves de piedra en lugares cosmotelúricos, antiguos lugares druídicos con dólmenes. Las catedrales son instrumentos precisos: altura, longitud, anchura, capacidad y contenido bien determinados, en armonía con las energías del Cielo y de la Tierra. Virtudes esenciales que transfiguran al hombre, lo transmutan, por utilizar una expresión alquímica.

Instrumentos de regeneración

Gracias a las construcciones de catedrales, originariamente destinadas al pueblo y en las que no había ningún banco, se empieza a ver que la orden de los caballeros del Temple era un engranaje imperativo del gran proyecto de San Bernardo. Este pretendía construir o modificar los templos para adaptarlos a esta amplia operación de alquimia humana, es decir, la regeneración del hombre. También se comprende mejor la razón por la que estas obras fueron llevadas a cabo globalmente en la misma época. Nada puede explicar esto.

Por supuesto, los cartesianos y los escépticos no verán en ello más que una simple razón de culto y de arquitectura. Sin embargo, ¿quién no se ha sentido, al pasar por debajo de la bóveda gótica de una de esas naves que todavía subsisten, hechizado, atraído hacia arriba, elevado hacia los cielos? Se trata precisamente de eso, de sentirse «embobado», «vuelto», de pasar bajo la *bóveda* (se cree que la palabra deriva de *volvere*, «volver»).

La nave de madera invertida

Los maestres constructores, iniciados en los poderes del universo, erigieron estos santuarios según métodos y datos precisos. Una catedral es, en principio, una nave de madera boca abajo. Es una elevación ojival, en la que el espacio situado entre los dos bordes de la nave está dividido en tres partes iguales. Sobre la base de esta figura, en plano y con ayuda del compás y de la cuerda de trece nudos de los druidas, el dibujo, levantado, permitía realizar el «armazón» en forma de navío invertido, sobre el cual los maestres masones se apoyaban para poner piedras y morrillos, hasta que se trababa por la clave de la bóveda.

El *goat*

El conjunto de armazones era denominado por los maestres carpinteros de obra *goat*, es decir, «madera» o «bosque» en bretón. Se apoyaba en enormes sacos llenos de arena que se agujereaban en el momento adecuado para separar la madera de la construcción de piedras, que se convertían poco a poco en piedras en tensión. Esto es evidente en la catedral de Amiens, en la que uno de los pilares, todo un bloque, resuena como una cuerda en tensión cuando es golpeado: ¡instrumentos cosmotelúricos!

El hombre en pie

Así pues, vemos cómo la geometría de proporción divina guarda relación con proporción del hombre: en la ojiva terciaria, puede trazarse un pentágono regular (cinco lados iguales) en el que es fácil dibujar un hombre cuyas manos, pies y cabeza se encuentren cada uno en un ángulo. El hombre en pie, ¡el hombre en bóveda! La auténtica puerta del cielo: *Hic Domus Dei est et porta coeli*. El cura de Aude, Bérenger Saunière, evocó este fenómeno de forma muy clara en el dintel de la puerta de su iglesia de Sainte-Marie-Madeleine de Rennes-le-Château. La puerta del cielo también puede verse claramente en la entrada de la pequeña iglesia druídica de Tréhorenteuc, en el bosque de Brocéliande. Esta esconde los secretos del Grial y las proezas de los caballeros de la Tabla Redonda del rey Arturo.

En cuanto a la Tabla Redonda... «El Santo Grial fue puesto sobre tres mesas, una era redonda...». ¿No son los templarios los dignos herederos de esta caballería celta, guiada por el legendario rey Arturo y el mago Merlín, que no era otra cosa que un druida?

Resortes de piedra

El hombre, para educarse, para merecer la divinidad de su futuro, tiene que alimentarse de espiritualidad. Rituales, plegarias, ascesis, estudios y, a veces, danzas, son medios a su disposición para despertar y abrir las puertas de otras dimensiones. La creación puede llegar también a esos resultados, igual que la elevación de las catedrales, que responden a las leyes del universo.

El arte gótico aparece con los templarios y, contrariamente a lo que todavía se dice, no se desarrolló el románico y después el gótico, con un gótico de transición entre ambos. No, este gótico no era, en realidad, más que los inicios de este arte arquitectónico en evolución.

Los obreros pasaron del románico al gótico sin transición. Algunos maestros adaptaron su formación para pasar de un estilo al otro pero, en la mayoría de casos, los obreros fueron formados directamente en la arquitectura de ojivas y contrafuertes en la que las fuerzas se oponen y se asocian para tensar los materiales y hacerlos «vibrar».

Para comprender bien el gótico hay que imaginar lo siguiente: un resorte sólo se concibe en metal o en material plástico. ¿A quién se le ocurriría hacer resortes de piedra? ¡A nadie! Sin embargo, los constructores de las catedrales hicieron precisamente eso, resortes de piedra, como si hubieran hecho nudos en la piedra en los cruces de ojivas.

Se requerían conocimientos absolutamente excepcionales para conseguir esta arquitectura perfecta, y eso sin la ayuda de ordenadores. En la actualidad seríamos totalmente incapaces incluso de concebir los planos de tales obras.

Parece evidente que los maestros de obra de la Edad Media gozaron de unas enseñanzas específicas. Los maestros obtenían sus conocimientos de los templarios, de los caballeros de la capa blanca, quienes, a su vez, los habían extraído de los descubrimientos fundamentales efectuados por sus fundadores en las ruinas del templo de Salomón. Las Tablas de la Ley y el Arca de la Alianza, entre otros, contenían los conocimientos más importantes.

El número de grandes maestres

Aunque sea raro, fueron veintidós, ni uno más ni uno menos. Los citamos a continuación, así como las fechas en las que adoptaron la responsabilidad del destino de la orden y de los caballeros.

El destino de los grandes maestres

Estos importantes personajes —porque no hay que olvidar que estaban a la cabeza del ejército más poderoso, más organizado y más rico del mundo conocido— tuvieron diferentes destinos. Unos pasaron como cometas y otros ostentaron durante mucho tiempo su cargo.

Hay que decir que los grandes maestres eran elegidos de por vida, a semejanza del Papa. A veces,

LOS GRANDES MAESTRES

Grandes maestres de la orden	Fecha de su elección
Hugo de Payns	1128
Robert de Craon	1136
Évrard des Barres	1149
Bernard de Tramelay	1150
André de Montbard	1153*
Bertrand de Blanquefort	1156
Philippe de Milly	1169
Odon de Saint-Amand	1170
Arnaud de Torroge	1180
Gérard de Ridefort	1184
Robert de Sablé	1191
Gilbert Errail	1193
Philippe de Plaissier	1201
Guillaume de Chartres	1209
Pierre de Montaigu	1219
Armand de Périgord	1232
Guillaume de Sonnac	1246
Renaud de Vichier	1250
Thomas Berrard	1256
Guillaume de Beaujeu	1273
Thibaud Gaudin	1294
Jacques de Molay	1298**

* Muerte de San Bernardo; su tío accede a la cabeza de la orden.
** Hasta 1314.

morían en combate o eran hechos prisioneros por un rescate. Algunos renunciaron a la vida de la orden y se convirtieron en monjes, como Évrard des Barres; Odon de Saint-Amand murió en prisión, donde lo habían encarcelado los musulmanes porque se negó a que la orden pagara el rescate.

Pierre de Montaigu dimitió; Bernard de Tramelay, Gérard de Ridefort, Armand de Périgord, Guillaume de Sonnac y Guillaume de Beaujeu murieron con la espada en la mano; Jacques-Bernard de Molay fue quemado en la hoguera por la Inquisición.

Arnaud de Torroge es un caso particular. Fue hecho prisionero y liberado bajo la promesa de no volver a alzarse en armas contra los musulmanes. Por esta razón, dimitió y se convirtió en un gran preceptor de la orden, una clase de altos dignatarios templarios en la que, según se dice, habría que buscar la «milicia secreta» de la orden.

A la altura de su cargo

Los grandes maestres templarios, en general, estuvieron a la altura de su cargo; si bien es cierto que se puede reprochar a Molay, por ejemplo, que, sin ser víctima de tortura, confesara un poco demasiado deprisa hechos que más tarde negó.

Ante todo, podemos preguntarnos a qué jugaba. ¿Se trataba de una conducta, un sacrificio deseado para «ganar tiempo»? ¿Era él el árbol que tenía que impedir que se viera el bosque? Misterio, misterio... ¡Hasta ahora y por mucho tiempo!

Los arcanos del tarot

Para nosotros lo extraño, aunque el azar suele hacer bien las cosas, es la cifra de 22 grandes maestres de la orden... Como los arcanos mayores del tarot.

El Mago

Ahora bien, curiosamente y sin revisar con detalle los arcanos del tarot, hay que hacer una comparación entre el primer arcano, el Mago, y el primer gran maestre de la orden del Temple, Hugo de Payns. Efectivamente, el Mago, realizador de trucos, simboliza al médico-boticario, al ilusionista. También encarna los trastornos en las cosas establecidas, estancadas... Asimismo, representa la posibilidad de una evolución, y es el actor principal de esta. ¡Al Mago se le utiliza como a un simple instrumento!

¡Es el retrato del mismísimo Hugo de Payns! Trastorna todo su entorno, como primer gran maestre de la orden del Temple; lucha contra cosas estancadas y encarna una evolución posible, en marcha. ¡Es el instrumento de san Bernardo!

El Loco

El último arcano es el Loco, el arcano que se encuentra en vigésima segunda posición pero que no lleva número. En realidad representa el cero, la nada. En persa, el nombre del arcano, *mat*, significa «muerte», y de ahí surge la expresión del ajedrez *jaque mate*, es decir: «El rey ha muerto, ¡viva el rey!». Lo cual implica que otro rey ya ha sido instaurado.

¿Acaso ocurrió lo mismo con la orden del Temple tras la desaparición de Jacques de Molay? ¿Es ese un indicio de una persistencia oculta de la orden, pero prevista, deseada? Este es un buen tema de meditación, ya que sabemos que nada es obra del azar, de la improvisación, en los templarios.

La cruz paté

Probablemente sea este el símbolo templario más conocido, ya que ha sobrevivido a los siglos, grabada o esculpida en piedra. Otras órdenes han llevado esta cruz, a veces con ligeras modificaciones: la orden de los hospitalarios de San Juan tenía un escudo de sable en la cruz paté de plata; con el tiempo se convirtió en la cruz de Malta; los caballeros teutones enarbolaban colores inversos, es decir, un escudo de plata con una cruz paté de color sable (negra). Sólo la orden del Temple mostraba con orgullo su escudo de plata con la cruz paté.

El símbolo de la orden fue extraordinario desde su creación. Según se dice, fue impuesto por San Bernardo, lo cual parece lógico.

Descripción de la cruz paté

La cruz es uno de los símbolos más antiguos de la humanidad, y la encontramos en todas las civilizaciones con formas diferentes. Es un signo antiguo al mismo nivel que el círculo, el eje y el cuadrado. Precisamente, la cruz suele contener estos otros emblemas.

Los cuatro puntos cardinales

La cruz paté, además, abre sus extremos a los cuatro puntos cardinales: se abre al mundo, al universo. La cruz paté con brazos iguales evoca a los cuatro evangelistas y a los cuatro elementos: aire, tierra, fuego y agua. Deriva directamente de la cruz celta que representa los tres mundos: Abred, Gwenwed y Keugan.

El color sangre

El color rojo simboliza, por supuesto, la sangre, vehículo del alma en muchas religiones. El gran misterio de la sangre, en la religión de Cristo, engendró el mito del Grial, copa sagrada que contiene la sangre de Cristo crucificado. Todas las pistas por las que nos hace viajar la orden nos conducen imperativamente hacia el Grial.

La sangre, símbolo bermejo, marcó a los pueblos puesto que actualmente todavía persisten leyendas sobre los templarios, bautizados con el nombre de monjes rojos. En este caso, hay una evidente relación con los crímenes de los que se les acusa.

El símbolo del blanco

El blanco es el color de la pureza, de la castidad. Representa la Luna, mientras que el rojo hace referencia al Sol. Ambos están sintetizados en los colores de la orden del Temple.

Las ocho puntas

La cruz paté contiene ocho puntas, y aquí encontramos de nuevo uno de los números fetiches de los templarios.

También es, como sabemos, el símbolo de Cristo que los templarios rechazaron, según las acusaciones que se les hicieron…

Cabe preguntarse si, al escupir sobre la cruz, lo cual hicieron sin lugar a dudas, no estarían escupiendo sobre el símbolo más que sobre el propio Cristo.

La representación de la Trinidad

La cruz paté y el color plata simbolizan, en heráldica —ciencia de los escudos de armas—, la Trinidad. La cruz es Cristo, y se inscribe dentro de un círculo, símbolo de la divinidad, del Padre creador; el punto central de la cruz simboliza al Espíritu Santo.

¡Esta cruz, precisamente, permite trazar un octógono que contiene dos sellos de *Salomón*!

Un sofisticado sistema de criptografía

Poco a poco, los templarios empezaron a utilizar su cruz como un instrumento de codificación lingüística muy sutil. Una especie de ordenador antes de tiempo. El símbolo encontraba un uso práctico.

Los templarios se imponían el secreto en sus actividades más fundamentales. Por lo tanto, había que encontrar un sistema eficaz de comunicación, de transmisión de información, sin arriesgarse a que los entendieran. ¿Qué mejor forma de divulgar información que el uso de su emblema? ¿Quién iba a sospechar algo raro cuando un templario llevaba su cruz paté?

Basta con asociar una letra o una cifra a cada elemento que compone la cruz. Así es sencillo utilizar este símbolo como un excelente medio de criptografía, de codificación.

Los obreros utilizan, todavía hoy, sistemas crípticos muy cercanos a este. De alguna manera, se puede decir que son los herederos de la orden.

¿Es la cruz paté la clave de una geografía sagrada?

Por otra parte, esta cruz hace que nos planteemos aún más preguntas; parece la clave de una geografía sagrada.

Efectivamente, tomando como punto de partida un lugar «templario» y uniéndolo a poblaciones cercanas con nombre de santo, se puede ver dibujada una estrella con ocho puntas…

Y lo que es todavía más extraño: existe cruz paté natural muy conocida, formada por islas o lugares griegos importantes cuyo centro es Delos. Para Dalí, la estación de Perpiñán era el centro del mundo; para los celtas, la Bretaña *(Breizh)* es el centro del mundo habitado; para los templarios, Delos era el ombligo de la Tierra. En Delos se encontraba el gran santuario de Apolo, dios de la belleza, de las artes, de la adivinación…, elementos indispensables en la civilización evolucionada.

El Bausán

Las tres representaciones

Se conocen varias representaciones del estandarte de la orden: media parte negra y media blanca, o en tablero de sesenta y cuatro casillas como el del ajedrez, representación cósmica del mundo. El juego de ajedrez está elaborado sobre el número 8, que guía el espíritu hacia Dios, y el número 9, la armonía, el equilibrio entre el blanco y el negro. Una tercera forma de presentar el Bausán consistía en una figura de ochenta y una casillas. Los orígenes de su nombre se desconocen.

Curiosamente, si bien los templarios enarbolaban en su capa la cruz patés, esta no se encuentra en el estandarte. El Bausán, o *baussan*, es el punto de referencia del caballero durante los combates. Tiene que hacer lo posible por proteger la bandera y mantenerla por encima de la contienda, a modo de protección mágica, que es el papel que desempeñan todas las banderas.

La elección de los colores

En la bandera de los templarios, hay dos colores opuestos o alternados. ¿Cuál puede ser el significado de este símbolo tan poco común?

El blanco

El blanco, en primer lugar, simboliza la pureza, la virginidad. El blanco es el color del individuo que cambia de condición, que evoluciona, es el *candidus* latino. Este color siempre ha guardado relación con grandes funciones entre los romanos, entre los druidas, en algunas órdenes religiosas... El blanco representa el eje este/oeste, la salida y la puesta del sol. También es el color de la muerte: los vivos llevan luto negro, mientras que al muerto se le viste con un sudario blanco que lo prepara para su llegada al otro mundo.

Este color es también el del iniciado y el de los ritos. Es emanación de lo divino, su manifestación: Marcos 9, 2-5: «Jesús lleva consigo a Pedro, Santiago y Juan, y los conduce solos, apartados, a una alta montaña. Se transfigura ante ellos y sus ropas se vuelven resplandecientes...».

El negro

El negro está relacionado con las tinieblas y con la muerte, y representa el eje norte/sur, de ahí los cuatro brazos de la cruz paté. Las divinidades femeninas paganas, las diosas madres, Isis, las vírgenes negras, todas son oscuras. Si bien los templarios profesaban un culto muy fervoroso a la Virgen, también parecían venerar a algunas divinidades consideradas demoníacas por la Iglesia. En heráldica, el color negro se denomina sable (del latín *sabulum*, «arena»); su relación con la tierra es evidente: es la tierra negra, la *materia prima* de los alquimistas. Los templarios practicaron la alquimia... ¿Se trata de un lenguaje hermético cuyas claves se reservan únicamente a los iniciados?

Sea como fuere, esta oposición de colores y esta alternancia en el tablero son también el símbolo del ritmo de la naturaleza, el paso permanente del día a la noche, del bien al mal.

El caballero y el arte de hacer cábalas

El juego del ajedrez

El tablero remite una vez más al templario a las tres mesas que sostuvieron el Grial. Una era cuadrada, y nuestros caballeros del Temple eran muy capaces de hacer cábalas de dos en dos, subidos sobre su *caballo*; este es también uno de los significados del sello de la orden. En el ajedrez, precisamente, el caballero —o el caballo—, a partir de un punto de base, puede saltar por encima de otras piezas y desplazarse en todos los sentidos. Se desplaza dos casillas y gira a la derecha o a la izquierda para desplazarse una casilla más. Así, si realiza todas sus posibilidades de desplazamiento, el caballero reproduce exactamente... ¡la cruz paté! Por otra parte, el caballero es la única pieza del juego que se desplaza en círculo dentro del cuadrado. De hecho, realiza la cuadratura del círculo. Esto significa que, para realizar esta proeza, hay que *hacer cábalas*, arte en el que los templarios y sus maestros constructores de catedrales eran verdaderos virtuosos.

El Bausán y los reyes de Francia

El Bausán es un símbolo famoso que no debemos dejar de lado. Los reyes de Francia no lo ignoraron, ya que muchos siglos después de la desaparición de la orden del Temple, el Bausán era una buena representación de su secreto sagrado, como bandera de los hermanos carboneros y luego de los famosos masones carbonarios.

La herencia druídica

Además, como explica el gran druida del Gorsedd Digor de Bretaña, Gwenc'hlan Le Scouëzec, «los ritos masónicos forestales son herederos directos de los ritos druídicos». Los templarios afirmaban cierta herencia druídica. Desconfiemos de todo ello, no obstante, ya que es poco seguro. Nada en el comportamiento de San Bernardo puede asociarlo mucho o poco con la filosofía de los druidas. Su dogmatismo, sus deseos de conquista y su deseo de imponer a los demás (cátaros, musulmanes...) las ideas de la Iglesia, más incluso que del cristianismo, lo colocaban en un lugar totalmente opuesto al del druidismo, ya que levantar a las masas y promover cruzadas no eran precisamente las actitudes practicadas por los sacerdotes celtas. A lo mejor es que jugaba un doble juego, pero, en tal caso, ¿quién puede demostrarlo?

La topografía templaria

Spiritus ubi vult spirat.
«El Espíritu sopla por donde quiere».
Evangelio de San Juan, 3, 8

Los templarios no se instalaban en cualquier sitio: tenían imperativos económicos y estratégicos. Los edificios que albergaban sus ritos eran elegidos con el mayor esmero. Pero aparte de dichos lugares, había también otros emplazamientos que para ellos requerían una atención especial, como las fortalezas, los bosques o las montañas.

El conocimiento de las ondas de forma

Este hecho no es discutible: los templarios conocían las influencias de las formas sobre las criaturas vivas. Después de todo, eso no es extraordinario, ya que algunas civilizaciones dominaban mucho antes que ellos estas energías poderosas e invisibles que actualmente se denominan *ondas de forma*. Antes de proseguir, es conveniente explicar brevemente a los no iniciados qué son esas ondas.

Qué son las ondas de forma

Cualquier forma geométrica, plana o con volumen, produce y emite ondas, unas veces nocivas y otras favorables para los organismos. El suelo también las emite.

Los romanos

Los romanos eran conscientes de la presencia de estas fuerzas y, antes de fundar una población en un lugar, dejaban paciendo en él durante un año un rebaño de borregos. Tras ese periodo de tiempo, mataban algunos ejemplares del rebaño y examinaban sus hígados. Según el estado de estos órganos, decidían o no establecer allí su poblado.

Chinos, griegos y celtas

Los chinos conocen desde la Antigüedad estas emanaciones telúricas, que denominan *fung shui*

—puertas de salida de los dragones—; los celtas hablan de la *Wuivre*; los griegos, de los *ríos infernales*. Por supuesto, en Occidente estos conocimientos fueron ocultados hasta el punto de caer en el pozo sin fondo del olvido.

Los egipcios

Los egipcios, por su parte, probablemente no construían las grandes pirámides para que fueran tan sólo tumbas.

La mejor prueba de ello la constituye el hecho de que la pirámide de Keops, por ejemplo, esté compuesta por veintiséis mil bloques de doce mil kilos. Imaginando que los obreros y esclavos colocaran como máximo diez bloques al día —lo cual, en vista de los métodos de construcción que utilizaban, según los investigadores modernos parece ya una cifra exagerada—, se habrían necesitado seiscientos sesenta y cuatro años para construirla, ¡y eso sin tener en cuenta los cimientos que había que cavar ni los planos que había que proyectar!

Las pirámides, emisoras-receptoras de ondas

En realidad —y aquí reconocemos que explicamos únicamente el uso de la pirámide, sin hablar de la forma en que fue construida—, la gran pirámide funcionaba como receptor y emisor de ondas, conocidas con el nombre de *rayos verdes*. De hecho, es la longitud de onda más corta del universo, que se produce en la cámara del rey, a un tercio de la altura de la pirámide, aproximadamente. Este rayo verde negativo posee la extraña propiedad de momificar la carne.

UNA PIRÁMIDE PARA MONTAR UNO MISMO

Este experimento puede realizarlo cualquier persona. Basta con reproducir a escala una maqueta de cartón de la pirámide de Keops, orientarla norte/sur y situar en su interior un altar con un trozo de carne fresca. Al cabo de ocho días, la carne estará totalmente momificada, sin putrefacción, sin malos olores.

Esta pirámide reducida ha sido patentada para un uso muy distinto: se ha podido comprobar que el rayo afila las cuchillas de afeitar.

¡El éxito garantizado del experimento convencerá por completo hasta a los más escépticos!

También los templarios conocían estas propiedades, que no por sorprendentes dejan de ser reales. La forma octogonal que se da con tanta frecuencia en la arquitectura templaria facilita cierto estado de meditación casi visionario. Sumerge al individuo en una capacidad receptiva propicia a la iniciación. Las catedrales también emiten ondas de forma y, además, captan las energías cosmotelúricas. Las numerosas representaciones de San Miguel o de San Jorge (por los cuales se nombraba caballeros a los hombres) son indicios de la presencia de la *Wuivre*, el rayo mágico de la Tierra. Estos dos santos vencen al dragón, entran en contacto con él mediante la lanza. El dragón simboliza a la vez las energías celestiales, por sus alas, y las energías infernales, por sus garras y el fuego que escupe.

Algunas aplicaciones de la geobiología

No es casual que las catedrales estén construidas sobre antiguos lugares megalíticos. Los druidas tenían profundos conocimientos de estas corrientes y sabían sacar provecho de ellas para regenerar al hombre.

Estas cosas están muy lejos del pensamiento occidental moderno y es bastante probable que hagan reír a algunos... Sin embargo, la recién creada geobiología vuelve a descubrir, para el bien de los pueblos, los signos de la naturaleza, que pueden llevar a una vida sana o, por el contrario, nefasta. Los veterinarios han descubierto que existen comportamientos diferentes entre un animal y otro en la cría;

al llevar estos animales domésticos a vivir a diferentes sitios, han podido percibir curaciones indiscutibles... Nuestros médicos empiezan a reconocer que, en efecto, algunas viviendas más que otras, algunos barrios más que otros, producen cáncer. Reencontramos el conocimiento de los antiguos, y en particular de los templarios, que llevaron hasta el límite sus habilidades en estos temas.

Las construcciones

La orden del Temple, más que cualquier otra, fue una orden constructora. Por influencia de su jefe espiritual, San Bernardo, y por lo tanto de los cistercienses, los templarios se lanzaron a numerosas y amplias construcciones de edificios religiosos —catedrales, capillas, iglesias—, aunque por necesidades evidentes de orden militar, también construyeron castillos.

El templo de París

El templo de París era una parte importante de la capital; quedan de él algunos recuerdos: la rue des Blancs-Manteaux («calle de los Mantos Blancos»), la rue du Faubourg-du-Temple («calle del arrabal del Templo»), o la rue Vieille-du-Temple («calle vieja del Templo»).

Poseía una arquitectura poderosa, maciza. Los archivos muestran la torre del templo como una inmensa construcción cuadrada con cuatro torres de ángulo. La misma construcción se encuentra en Baylie de l'Ormeteau, en Indre, justo en la ruta templaria que iba de La Rochelle al bosque de Oriente, cerca de Troyes.

El templo de Tomar

En Portugal, el templo de Tomar está decorado con anclas marinas, conchas, jarcias…, evocaciones evidentes de las aventuras oceánicas de los templarios. La capilla de Tomar, de ocho lados, es la copia perfecta de la capilla del Santo Sepulcro de Jerusalén. El uso de este lugar para la defensa es seguro, pero también es indiscutible que se utilizaba sobre todo para la iniciación de los caballeros.

Algunos autores afirman que la fortaleza del templo de Tomar es el castillo que alberga el Santo Grial… Esta hipótesis es arriesgada, porque otros fuertes pueden pretender ese honor, si es que, por otra parte, el Grial sigue existiendo. En cambio, nada impide la búsqueda de un Grial espiritual, y es muy probable que esa sea en realidad la base de la iniciación templaria. En este sentido, y a semejanza de otros lugares, la fortaleza de Tomar parece totalmente adaptada para una «formación» espiritual del caballero.

El pozo sagrado

En las criptas de Tomar hay un pozo sagrado, del mismo modo que lo hay en los lugares druídicos recuperados por la Iglesia. Por lo tanto, resulta extraño que algunos autores afirmen que, por la presencia de este pozo, hay lazos de unión entre los templarios y los musulmanes.

El pozo subterráneo, generalmente acompañado de una divinidad telúrica, es ante todo un elemento de los ritos celtas. El pozo infernal pone al adepto en contacto con las fuerzas procedentes del subsuelo de la Tierra.

La magia de las aguas subterráneas es poderosa. ¿Cuántos cuentos y leyendas asocian este agua a un rey de otro mundo, de otro universo, escondido en un castillo enterrado? La epopeya artúrica misma habla del caballero Lanzarote del Lago, valiente entre los valientes, procedente de las profundidades líquidas, educado (¿o iniciado?) en el castillo del hada Viviana. La búsqueda del Grial se lleva a cabo en esta dirección.

El enigma de Gisors

Otro famoso bastión templario: Gisors y su castillo. Se ha dicho todo, o casi todo, sobre Gisors: sus misterios, su cripta con cofres repletos de riquezas y, en consecuencia, su fabuloso tesoro…

Un guardián obstinado

Roger Lhomoy, guarda del castillo antes, durante y poco después de la segunda guerra mundial, excavó sin autorización y con grandes riesgos pasillos sinuosos y estrechos en el subsuelo del torreón de Gisors.

Al final de una de sus numerosas noches de excavación (retiró más de ochenta toneladas de tierra), desembocó en la bóveda de una cripta románica de piedra de Louveciennes, enterrada a veintiún metros de profundidad y olvidada por todos, en la que descubrió diecinueve sarcófagos de piedra de dos metros de largo por sesenta centímetros de ancho. Lhomoy avisó a las autoridades quienes, ante la entrada abierta e inquietante de su último pasillo, se burlaron de la inaccesible demostración de Lhomoy. Este perdió trabajo, mujer e hijos y se convirtió en un vagabundo. Muchas veces intentó volver a iniciar el asunto, seguro de su descubrimiento. Pero siempre fue tomado por loco.

¿Campañas oficiales sin resultados?

Malraux inició algunas campañas oficiales de excavación, pero los resultados no aportaron nada definitivo —por lo menos, según dicen—, y la historia regresó a la penumbra, por no decir a la oscuridad total.

Esta historia de sarcófagos y cofres... ¿es cierta o falsa? Estamos convencidos de que lo que vio Roger Lhomoy fue real; este es el mínimo homenaje que se puede rendir a un hombre obstinado, valiente y, con toda seguridad, totalmente cuerdo. Lo que sucede es que su descubrimiento tenía que permanecer en el silencio de los salones elíseos, ¡como secreto de Estado! Es un indicio complementario que hay que añadir al expediente del «misterio» de los templarios. Al menos, de momento.

La encomienda del templo de Carentoir

Ahora queremos presentar otro lugar templario, particularmente desconocido, y que seguirá siéndolo. Se trata del templo de Carentoir, pequeña población del Morbihan situada entre Rennes, Vannes y Redon.

Una historia de tesoros

LAS PALABRAS DEL HISTORIADOR

En este pequeño pueblo bretón, una historia de tesoros asedia las callejuelas. Llegada la noche, los ancianos hablan, delante de un vaso, de subterráneos y salas misteriosas, igual que en Gisors, en Normandía. ¿Es este asunto el que reposa sobre el otro? ¿Es la eterna rivalidad bonachona entre Bretaña y Normandía la que nutre la inspiración de la gente de este pequeño y tranquilo pueblo? Por supuesto que no. El asunto del templo de Carentoir merece que sigamos la pista.

Un historiador local, Michel Amaury-Rouaud, nos dirige hacia la modesta capilla de Fondelienne. «Aquí —explica— comienza una extraña historia. En época de los templarios, un hombre se colgó de una cadena. ¿Acaso el último dignatario de la orden, con puesto en Carentoir, prefirió la muerte al acoso de la Inquisición? ¿Poseería secretos que no debían caer en manos de cualquiera? ¿Se trata del hombre que aparece esculpido como estatua yacente de madera en la iglesia de Saint-Jean-du-Temple? Tantas preguntas siguen aún sin respuesta...».

OCURRIÓ HACE CUARENTA AÑOS

Cuanto más nos adentramos en el pueblo, peor aspecto toma el asunto. Hemos descubierto la ineludible historia de un tesoro, la falsa pista que esconde la auténtica. Hace unos cuarenta años, un tal M. de G. llevaba algunas noches merodeando por el pueblo. Este personaje protagonizó un episodio que está documentado: visitó una noche a los inquilinos de una casa antigua, construcción templaria que había albergado al senescal de la orden, y les pidió que salieran mientras él tomaba medidas con la idea de realizar una investigación histórica. Media hora después salió más rico que un banco, bajo las miradas estupefactas de la pobre gente, que acababa de dejarse timar...

ALGUNA INFORMACIÓN SOBRE EL PUEBLO

Este descubrimiento no se debía al azar. Treinta años antes, los habitantes del templo buscaban ya cosas consideradas secretas en los subterráneos que cruzan el subsuelo de la zona. Las casas solariegas están unidas por una red de pasajes escondidos. Uno de ellos parte del templo y desemboca en Lannouan, ¡a más de cuatro kilómetros!

Hace menos de veinticinco años, unos jóvenes del arrabal penetraron en este subterráneo pero no llegaron muy lejos debido a los riesgos de derrumbamiento. Por otra parte, en la calle de Chaffeaux, en la misma época, durante unas obras del servicio de vías públicas, una máquina aplastó la bóveda de una gran sala que se encuentra solamente a unos metros bajo tierra. Un tal M. C. había jugado en esta sala durante su juventud. Para resumir, algunas personas del pueblo visitaron los subterráneos y una sala, tal vez una cripta. Desde hace tiempo, tanto como puede alcanzar la memoria, los habitantes del pueblo sabían que se iba a realizar algún descubrimiento. Y alguien buscó, ¡pero fue un desconocido!

Qué hay que entender

Contrariamente a las apariencias, la dilapidación de este tesoro no tiene importancia; se impone la experiencia según la cual el auténtico tesoro es otro: el espiritual. ¿Ha sido también descubierto? Algunos elementos nos permiten pensar que sólo un tesoro en moneda contante y sonante ha atraído ambiciones. No obstante, esto no es del todo cierto.

Sabemos, por ejemplo, que en 1744 se realizaron obras en la iglesia Saint-Jean-du-Temple, y más recientemente, en los años treinta del pasado siglo, se hicieron modificaciones... En los años sesenta, el abad A., de la parroquia, vendió el púlpito, varios archivos y, sobre todo, un cuadro en el que los ancianos afirman haber visto la firma de Fraval, un artista que nos interesará en grado sumo. Este cuadro se titula *La Anunciación*. Veremos que se trata de una pista esencial que ha sido suprimida, al igual que los frescos de la iglesia de Saint-Martin de Limoux, que fueron reemplazados por un enlucido. En cualquier caso, sigue siendo un emplazamiento templario apasionante.

Otros lugares templarios: los bosques

Los bosques ocupan un lugar importante en los templarios, tanto en lo militar —son lugares estratégicos incomparables— como en lo que se refiere a riquezas, ya que la explotación forestal proporciona buenos ingresos y ofrece una materia prima ideal para la construcción de navíos y de edificios religiosos.

Además, son lugares ideales para esconderse, para proteger las actividades que el pueblo, entre otros, no debe conocer.

El bosque de Oriente

El bosque más famoso de los bosques «templarios» es, sin duda, el bosque de Oriente, situado a algunos kilómetros de Troyes. Si bien la orden del Temple tiene sus orígenes en Tierra Santa, sus raíces están en la región de Troyes, con Hugo de Payns y el concilio que la hace nacer oficialmente. ¿Esconde este bosque razones insospechables para la creación de la orden?

Es un lugar muy extraño, objeto de todas las especulaciones y de todas las codicias posibles durante la gran redada que sufrieron los templarios. Aquí, igual que en otros lugares, los soldados de Nogaret no encontraron nada, ni el tesoro más ínfimo ni el más pequeño documento de valor.

En tiempos del «omnipoder» de la orden, el bosque de Oriente debía de ser un perfecto laberinto, con sus complicados caminos y sus numerosos estanques artificiales. Sin embargo, parece haber tenido motivos para atraer la curiosidad; nombres evocadores para los iniciados o para los especialis-

> ### DE LA LECTURA DE PERCEVAL Y DE SAN BERNARDO
>
> *La novela de Chrétien de Troyes,* Perceval, *es decir, «Valle claro» en francés antiguo, nos remite extrañamente al bosque de Oriente, donde se enclava el bosque del Temple... Parece indicar el castillo del Grial en esta frondosidad salvaje, que estaría guardado por un rey pescador, lo cual, en un lugar plagado de estanques, es más que plausible. El verdadero tesoro del Temple, que también sería el de la humanidad, tal vez esté bien protegido de la codicia, hasta el momento en que un nuevo Perceval, el bueno, el auténtico, procedente del Acuario, sepa admirarlo (para ser precisos, ver a través de él) y hacer que los hombres dignos de recibir su mensaje se beneficien de él.*
>
> *Leamos las palabras de San Bernardo (epístola 106); tienen un extraño alcance: «Aprenderéis más en los bosques, de las piedras y los ríos, que en los libros».*
>
> *Entre otros nombres interesantes, destacamos l'Ermitage, la Maison-Blanche, Maurepaire, la Loge-Lionne, la Belle-Épine, l'Abondance, el camino de la Belle-Épine, el arroyo del Temple, el bosque del Temple... Bonitos nombres que invitan, por supuesto, a que se desborde la imaginación y a las especulaciones más arriesgadas.*

tas en el lenguaje propio de algunos grupos masónicos jalonan este macizo forestal; el nombre de «Oriente» resulta ser el del conjunto del bosque y el de los dos bosques menores que lo componen: el

Gran Oriente y el Pequeño Oriente. Habría que ser muy ignorante para no establecer una relación entre estos topónimos y algunos ritos posteriores de la orden.

Para los francmasones, el *Venerable* se encuentra en Oriente, siguiendo la doctrina. Para los obreros, es el *Magister*, el maestro, quien está en Oriente. ¿Cuántos relatos oníricos sitúan el Grial en una reproducción del templo de Salomón, en algún lugar de la Galia? ¡Nuestros pasos siguen llevándonos por la ruta de la santa copa!

La aparente negación

Verba volant, scripta manent.
«Las palabras se las lleva el viento,
los escritos permanecen».
Proverbio latino

Los templarios, durante su proceso, fueron acusados de todas las maldades —o casi— y, en particular, de haber renegado de Cristo. ¿Fue así en realidad?

Es un tema difícil, ya que muchos comportamientos rituales en el seno de la orden dan lugar a dudas, sobre todo si no se comprenden o no se admiten. Si es difícil en nuestra época juzgar sin pasión esta inculpación y estudiarla con tranquilidad, no es de extrañar que en el tiempo del proceso de los templarios, cuando la Iglesia era todopoderosa y estaba dotada del arma temible de la «Santa» Inquisición, las cosas no fueran nada sencillas.

Los templarios, ya sea desde la creación de la orden, ya sea a medida que pasaba el tiempo (porque nunca hay que olvidar el hecho de una evolución más que probable de la idea de base que, al cabo de un tiempo, habría apartado a los templarios de los objetivos inicialmente promovidos por el padre o los padres fundadores), veneraron a personajes supremos o ambiguos: Cristo, la Virgen, San Juan Evangelista y un ídolo, el Bafometo.

Una fe sincera

La fe de los templarios era indudablemente sincera, y a los «pobres soldados del Cristo» no se les puede reprochar su compromiso. Durante todo el periodo de las cruzadas defendieron la cristiandad, lo cual no se tuvo en cuenta a lo largo del proceso.

Un movimiento mal interpretado

Entonces, ¿qué se les reprochaba? Esencialmente, haber escupido sobre la cruz y, en consecuencia, haber renegado de Cristo.

Esta acusación, recordemos, la realizó la Iglesia; pero ¿podía esta, objetivamente, ser juez y parte? Por los archivos se sabe que, efectivamente, los templarios, por lo menos los que tenían responsabilidades, habían escupido sobre la cruz; desde el punto de vista de la Iglesia ese solo hecho era imperdonable.

Desde el exterior, tal comportamiento, con motivo de los rituales propios de la orden puede asumir otro aspecto, el de una forma de oposición a algunos dogmas de la Iglesia apostólica y romana.

La Iglesia, en tela de juicio

Hay que situarse en el contexto de esos tiempos conflictivos, en los que se hacía oposición al «romano pontífice» y a muchos cardenales y obispos a causa de su comportamiento extravagante, de su falta de humildad, de la riqueza de que alardeaban mientras el pueblo vivía en la miseria. («Decís y creéis, decía Jesús, ¡pero no hacéis!»). La intolerancia de la Iglesia no se adaptaba tampoco a los grandes cambios que nacían en Europa, especialmente en Francia. Los cátaros, en el Languedoc, predicaban sobre las bases del cristianismo otra forma de vivirlo y practicarlo. La libertad de los trovadores, artistas contestatarios, insuflaba un viento de controversia, y se sabe que fue objeto de una terrible represión.

Aparecieron muchas sectas que se oponían a Roma, y esta veía que su poder disminuía cada día y corría el riesgo de desaparecer. A esta institución le costaba evolucionar, mientras que, precisamente, todos los trastornos que estamos analizando se estaban produciendo en el seno de la sociedad feudal de la Edad Media que ella regía.

Las propias cruzadas, además de constituir enfrentamientos y choques entre dos culturas, favorecieron paradójicamente los intercambios de ideas. La cultura árabe brillaba en muchos territorios y los *incultos franceses* empezaban a «despertar» junto a ellos.

Las relaciones de los templarios con los cátaros y los musulmanes

¿Qué hay de malo en ello? Evidentemente nada, si no fuera por la Iglesia... En esta mutación que, actualmente, calificaríamos de cultural, los templarios desempeñaron un papel esencial. Se hallaban entre los primeros que hablaron con los sabios y los eruditos del islam, así como entre los primeros que comprendieron e investigaron sus enseñanzas. Se beneficiaron con ello, pero también lo hicieron con la idea de conseguir que el pueblo también se aprovechara.

En cuanto a los cátaros, la orden del Temple siempre demostró una neutralidad condescendiente; añadamos a eso algunos ritos (porque el hombre, por muy civilizado que sea, siempre experimenta la necesidad de ritos que adulen su ego), también contestatarios, y tendremos suficiente leña para alimentar la hoguera...

¿Descubrimientos realizados por los templarios?

Numerosas zonas sombrías

Por otro lado, la vida de Cristo, por lo que se puede ver en la Biblia, contiene suficientes zonas oscuras como para suscitar estudios e investigaciones profundas y, probablemente, en consecuencia, descubrimientos. Hay que recordar que los templarios tenían en sus filas teólogos competentes y abiertos, capaces de dar respuestas. Esto explicaría muchas cosas en cuanto al misterio de los templarios, que no decidieron en un principio instalarse junto a las ruinas del templo de Salomón por casualidad, cuando había otros lugares en Tierra Santa propicios para su misión. Precisamente hay que admitir que su misión futura dependía de su búsqueda en esas ruinas.

¿Se libró Jesús de la crucifixión?

Se sabe que unos textos descubiertos en 1945 en Nag Hamadi (Egipto) por un campesino, constituyen algunos de los primeros escritos cristianos. Son los testimonios de los judíos que huyeron de Tierra Santa. Su contenido es opuesto a los dogmas de la Iglesia; así, por ejemplo, el texto llamado *Discurso de Seth* demuestra que Jesús se libró de la muerte en la cruz mediante una hábil sustitución. Y esta es una razón para renegar de un símbolo que, según una revelación como esta, no tiene por qué serlo. ¿Quién sabe si los templarios no descubrieron también documentos turbadores?

En nueve años de presencia en el emplazamiento del templo de Salomón, los nueve primeros caballeros tuvieron tiempo de buscar, ¡y de encontrar!

La imagen de la Virgen

Una veneración particularmente simbólica

Los pensamientos y las plegarias del templario estaban destinados principalmente a la Virgen. ¿Por qué razón? Esto es y será siempre un misterio más. Por supuesto, ella es la madre de Jesús y tal vez esta fuera razón suficiente; además, es la representación cristiana de las divinidades femeninas que encontramos en muchas religiones —Deméter, Ceres, Isis, Maya y otras diosas madres—. A Maya, la diosa de la Tierra madre de Mercurio, el mensajero celestial, se le dedicaba el mes de mayo, y es en mayo (del latín *maius*) cuando se celebra la festividad de la Virgen. También es en este mes cuando hizo sus apariciones y revelaciones en Fátima.

Todo esto plantea muchas dudas.

¿Se ha resuelto el Misterio?

Los templarios rendían homenaje a la Virgen por el conjunto del mensaje que esta transmite y lega a los hombres de buena voluntad, tanto a través de apariciones como de forma más general. La Inmaculada Concepción en sí es un Misterio teológico que los templarios intentaron desvelar. ¿Lo consiguieron?

Una de las enseñanzas de la Iglesia

Es uno de los fundamentos incluso del Misterio (con mayúscula) de las enseñanzas de la Iglesia. Hay que subrayar que *enseñar* deriva del latín *insignare*, que significa «señalar», «indicar con señales». Los teólogos de la Iglesia definen el Misterio como una verdad inaccesible para la razón pero que Dios da a conocer (¡que lo entienda quien pueda!).

La actitud investigadora de los templarios

Realmente, a los templarios no les convence este tipo de respuestas. Que el pueblo acepte esta enseñanza es una cosa, pero que lo hagan investigadores lúcidos y ávidos de conocimiento, de comprensión...

¿No fue San Pablo quien predicaba la *inteligencia* (palabra procedente del latín *intelligere*, «entender», que a su vez deriva de *legere*, «leer»), sin la cual la fe, y esto lo afirma Jesús, se apoya en cimientos de barro?

Para acercarnos aunque sólo sea un poco al secreto de los templarios, a su espiritualidad, hay que meditar bien estas palabras, y no perderse en los numerosos misterios inexplicados por la Iglesia. Marcos 4, 22: «Nada está oculto sino para ser descubierto». Lucas 11, 52: «¡Ay de vosotros, doctores de la Ley, que os habéis apoderado de la llave de la ciencia, y ni entráis vosotros ni dejáis entrar!». Las advertencias eran claras.

De este modo, la veneración de los templarios hacia la Virgen no se debía a una piedad simple y ciega, como la del carbonario. Ellos, o al menos los dignatarios de la orden, iban por delante del Misterio, y eso era lo mínimo que se podía hacer para modificar los comportamientos y hacer que evolucionara la sociedad en la que vivían. ¡No construir de nuevo sobre cimientos «podridos»!

Considerándolo bien, la misión de la orden del Temple iba por delante de su época (demasiado, quizá) y, en suma, incluso podría ser acertada en el actual cambio de siglo y de milenio, de perspectivas inquietantes...

La Anunciación, un cuadro extraño

Volvemos de regreso al pequeño pueblo bretón de Carentoir para fijarnos en un extraño cuadro pintado por un tal Fraval en 1718: *La Anunciación*. Se trata de otro de los numerosos misterios de la cristiandad.

El artista rinde en esta tela un homenaje vibrante a la Virgen y a los templarios, cuyo recuerdo está presente en esta pequeña iglesia a través de una estatua yacente de madera de un templario (sólo se han encontrado dos más en todo el mundo) y una doble reproducción del sello de la orden, dotado de una curiosa anomalía.

Descripción del cuadro

Volvamos a este cuadro. Mirándolo desde más cerca se pueden ver detalles raros. Su tamaño es asombroso para un edificio tan pequeño. Es una gran obra que podría ocultar perfectamente la Gran Obra. La alquimia de las formas y de los colores sobre la *materia prima* de la tela nos revela la alquimia del Verbo, el *verbum dismissum*, la «palabra perdida» de los alquimistas, de los masones. Hay que recordar que los templarios utilizaban el «lenguaje de los pájaros», la cábala, con una facilidad desconcertante.

El Creador y la Tierra

En la parte superior y en el centro del cuadro, aparece representado el Creador, rodeado de la característica aureola.

Sujeta a la izquierda, junto a su corazón, tiene una extraña bola verde. Esta bola es la Tierra, auténtica fábrica de ángeles.

El Arcángel

Está coronado por una cruz con una rosa en su centro («rosa-cruz»). ¿Acaso se trata de una alusión a una eventual relación entre la sociedad secreta de la Rosacruz y los templarios portadores de la cruz roja?

La obra muestra, además, ángeles; son los Hermanos aliados, alusión a los hermanos de la Rosacruz, tres de los cuales fueron, junto con Christian Rosenkreutz, los fundadores simbólicos de esta sociedad de iniciación (véase la obra de J. V. Andreae *La Fama Fraternitatis Rosae Crucis*).

La Virgen

Por último aparece la Virgen, símbolo de la Madre Tierra fecundadora de la que todo nace, «toma cuerpo», y hacia la que nos dirigimos de nuevo («el polvo se convierte en polvo»). Fraval la «acuesta» sobre la trama de su tela.

Esta iglesia fue edificada por los templarios en el siglo XII. Actualmente, es la fuente de una multitud de desafíos dejados por ellos, y luego por los rosacruces, de los que el pintor Fraval era miembro, con el fin de transmitir un mensaje para los hombres que «tengan sabiduría», como dice San Juan en su Apocalipsis.

La iglesia del templo de Carentoir está dedicada al Evangelista.

El Apocalipsis, un texto en código

El Evangelista era una de las referencias de los caballeros del Temple. Una vez más, las razones no están claras; el Apocalipsis aparece como el «libro de cabecera» de los monjes soldados. El relato también despierta interrogantes, y se puede suponer que la orden encontraba en él fuentes de reflexión, de inspiración... También se dice que este texto es una especie de código que, descifrado, transmite toda una enseñanza.

No sabemos si esta hipótesis se puede verificar; no tenemos la clave de este código, si es que existe. Sin embargo, parece evidente que algunas claves del misterio se encuentran en el Apocalipsis, y por lo menos tenemos que intentar acercarnos a ellas cuanto podamos.

El texto

En el Apocalipsis hay un pasaje, el capítulo 13, versículo 18, tan famoso y todavía tan oscuro que es inevitable que nos llame la atención: «Aquí está la sabiduría: Que quien tenga inteligencia calcule el número de la bestia, ya que es un número de hombre y su número es seiscientos sesenta y seis».

Intento de desciframiento

Utilizando las fórmulas cabalísticas, que nos resultan muy útiles para descifrar textos, leemos lo siguiente:
Apocalipsis 13, 18
125 + 13 + 18 = 156
El total de *Apocalipsis* es igual a 125; si los añadimos a los números de capítulo y versículo, que son 13 y 18, obtenemos 156. Y esta cifra también resulta cuando se utiliza la fórmula cabalística en *seis seis seis*.
52 + 52 + 52 = 156
En alfanumeración, 156 también es el resultado de *la bestia es número* y de *el Verbo es Espíritu*.
Apocalipsis es una palabra que tiene dos significados: «catástrofe colosal» y, etimológicamente, «revelación», y es este significado con el que tenemos que quedarnos, según lo entendieron los templarios.

Los cuatro jinetes

Vale la pena estudiar otros símbolos, como los cuatro jinetes del Apocalipsis. El *caballo blanco* simboliza al Cristo universal. Es el auténtico, y lucha contra los falsificadores y los manipuladores de su palabra. El *caballo rojo* simboliza un color. Es la señal de que tal vez haya que desconfiar de la Bestia, que parece dormida… El *caballo negro* denuncia el hambre, los abusos, la contaminación. En este sentido se habla también en el Apocalipsis, 8, 10-11, en la apertura del séptimo sello, del astro contaminante y devastador que envenenará un tercio de las aguas durante años y años. «Este astro se denomina Absintis, y mucha gente murió por sus aguas, que se volvieron amargas». En ruso, la palabra «Absintis» se traduce como ¡Chernobil! El *caballo macilento*, cabalgado por la Muerte, puede destruir un cuarto de la Tierra. Se puede llegar a pensar que los templarios, conscientes del contenido del Apocalipsis, decidieran ir en contra de esta fatalidad. Las previsiones apocalípticas, que eran también revelaciones, no son ineludibles. Como dice el Apóstol: «Basta con tener sabiduría».

El Bafometo

Es un ídolo extraño y también implica un misterio profundo. Es una de las piezas esenciales en el proceso contra los templarios.

Las representaciones

La primera persona que hizo una descripción del Bafometo fue el inquisidor Guillaume Humbert. Era una cabeza de hombre con una gran barba que los templarios ataban al cordón de su hábito.

Lo que se reprochaba a los templarios, en relación con el ídolo en cuestión, era que lo consideraran como el Dios auténtico...

Se han encontrado pocas representaciones de la figura venerada. A veces se esculpen criaturas en edificios templarios, pero nada demuestra que representen al Bafometo.

La investigación etimológica

Detengámonos en esta palabra con extrañas consonancias. En la lengua de oc, este término significaría «Mahoma», lo cual puede provocar cierta confusión, así como constituir una buena ocasión para utilizarla como argumento contra los templarios, visiblemente heréticos por evocar al profeta del islam.

La leyenda

Otra interpretación del Bafometo la proporciona Gérard de Sède en *Los templarios están entre no-*

sotros[1]: «Verceil ejerció durante cuarenta años las funciones de notario de la orden en Siria; cuando se le interrogó, como a los demás, sobre el ídolo y su significado, declaró que los templarios de ese país, respecto a ese tema, narraban la siguiente historia, que resulta extraña: un noble de Sidon se había enamorado de una joven, pero esta le fue arrebatada por la muerte antes de que pudiera conquistarla. La misma noche del entierro, loco de deseo, el caballero abrió la tumba y sació su pasión en el cuerpo de la virgen muerta. Entonces, una voz procedente de no se sabe dónde, le dijo: "Regresa aquí dentro de nueve meses, y encontrarás una cabeza, hija de tus acciones; no te separes jamás de esa cabeza, ya que te proporcionará todo lo que puedas desear". Cuando hubo pasado ese periodo de tiempo, el caballero abrió de nuevo la tumba y recogió de entre los muslos descarnados de la muerta una cabeza, cuya posesión le permitió realizar prodigios». Otro templario narró la misma historia…

Intento de interpretación

Esta leyenda parece alegórica, ya que aparecen en ella todos los elementos simbólicos de la orden del

---

1. Gérard de Sède, *Los templarios están entre nosotros*, Editorial Sirio, 1984.

Temple: la Virgen, el número 9, los misterios subterráneos, etc.

Probablemente no sea más que una forma de operación alquímica, ya que los templarios también trataron el tema de la transmutación de los metales en busca de la del hombre; el Bafometo sigue siendo un enigma que se añade a la larga lista de los misterios de los templarios.

Las corrientes de influencia

Res, non verba.
«Realidades, no palabras».
Expresión latina

La pregunta que se plantean quienes se sienten apasionados por la historia, tan poco banal, de los templarios, es esta: ¿Tenía la orden del Temple las influencias de una filosofía, de una doctrina?

La influencia de San Benito

Desde su creación, el Temple estuvo bajo la autoridad de un abad extraordinario, el futuro San Bernardo, un hombre de un temperamento poco común y una de las grandes figuras del cristianismo. Era monje cisterciense y portador de la doctrina de su orden, combinada con conocimientos más «exóticos». Este doctor de la Iglesia obedecía la regla de San Benito para servir a Cristo y se inspiraba en otras corrientes de pensamiento, como el celtismo, sin que nada demuestre que fuera uno de los últimos druidas, contrariamente a las afirmaciones de algunas personas. Sin embargo, en doscientos años de existencia, la orden del Temple tuvo la ocasión de cruzarse con otros personajes, y sus altos dignatarios tuvieron la posibilidad de dejarse seducir por otras fuentes propicias a la comprensión del lugar del hombre dentro del universo, dentro de la Obra de Dios. *Non nobis Domine, non nobis, sed nomini tuo da Gloriam.* La divisa de la orden era clara: «No por nosotros, Señor, sino por la gloria de tu nombre». Los templarios, antes de nada, servían a Dios, aunque, reconozcámoslo, con maneras a veces «particulares» de realizar esta misión divina; en el fondo, es una cuestión de punto de vista, nada más.

Entre las grandes filosofías que alimentaron la orden, encontramos básicamente el dualismo, el maniqueísmo, el druidismo, el catarismo y la religión islámica.

Dualismo y maniqueísmo

La doctrina dualista

Los templarios eran dualistas, sin lugar a dudas. Su comportamiento general es revelador en este sentido, y los símbolos que utilizaban son explícitos; el

Bausán es la demostración perfecta de ello, con su oposición entre el blanco y el negro...

La lucha entre el bien y el mal

El dualismo, contrariamente al cristianismo, admite dos principios, dos «rostros» de la divinidad. El dios del bien y el dios del mal. Es la perpetua lucha entre estas fuerzas antagonistas, exteriores e interiores del hombre, que siempre debe intentar aniquilar, si no las fuerzas del mal que le importunan, como mínimo su perpetua oposición.

La búsqueda del equilibrio

El hombre debe encontrar, establecer un equilibrio para su completo desarrollo. La naturaleza humana, desde este punto de vista, sería a un tiempo divina y demoniaca. Los templarios, como soldados del Cristo, estaban en abierta lucha contra las fuerzas del mal e intentaban hacer el bien, hacer que sus contemporáneos evolucionaran de forma positiva.

La doctrina maniqueísta

El maniqueísmo, surgido del profeta Mani, nace en Babilonia y se extiende cuando la Iglesia se estructura. El maniqueísmo es una verdadera religión y no una desviación sectaria del cristianismo.

El profeta Mani

Mani decía ser el último profeta encarnado, el único capaz de divulgar la enseñanza del saber absoluto. Saber absoluto que sobreentendía que la religión tiene que ir acompañada de la comprensión de las leyes del universo, creadas por el ser supremo...

Del mismo modo lo explica precisamente Urbain Faligot[2]: «En la sensibilidad de Mani hay un loco deseo de reunir lo infinitamente pequeño con lo infinitamente grande, es decir, la voluntad de una síntesis universal. Para él, este sentido de lo global existe en la noción de lo divino».

El principio de universalidad

En los tiempos en que disponían de poder, los templarios aplicaron esta vía: actuaron con un sentido universalista. La materia y el espíritu se mezclaron, se unieron en una lucha feroz en la fase evolutiva que es la nuestra, y esta unión es el resultado de la caída del hombre, ya que según Mani, en el

---

2. Urbain Faligot, *Los cátaros*, Editorial De Vecchi, 2001.

pasado la materia y el espíritu estaban separados, sin conflictos. ¿Cuál será la etapa siguiente? Para los templarios, responder las preguntas primordiales que son una constante preocupación: ¿De dónde venimos? ¿Quiénes y qué somos? ¿Hacia dónde vamos? Intentaron penetrar en los misterios de la Creación, los misterios de Dios y de lo material; este fue su Grial, su búsqueda de la Luz.

Los cátaros

Las relaciones entre templarios y cátaros

Aunque disponían de los medios para ello, los templarios no intervinieron en ningún momento contra los cátaros en la lucha que estos mantenían primero contra la Iglesia y luego contra el rey y los barones del norte. En alguna ocasión tuvieron que hacer de policías, es decir, mantener el orden, pero nunca intervinieron como guerreros contra los pobladores del Languedoc. Todo lo contrario: llegaron a proteger a algunos perseguidos y amenazados. ¿Qué implica esta actitud, teniendo en cuenta que eran soldados de Cristo y que estaban bajo la responsabilidad de la Iglesia apostólica y romana, y, por lo tanto, nadie habría tenido motivos para criticarlos si se hubieran mostrado más hostiles contra los herejes?

Una vez planteado esto, tenemos que constatar que la cruzada contra los albigenses fue una guerra de religión y de supremacía para hacerse respetar (cuando uno se siente en peligro), pero también un choque entre dos civilizaciones: la zafia, feudal y esclerótica del norte de Francia, y la que se abría a las artes y la cultura, con sus trovadores, con las nuevas relaciones establecidas entre los individuos, en resumen, contra una sociedad en plena evolución, en plena mutación: la del Languedoc.

Los valores cátaros: ascetismo y tolerancia

Evidentemente, este tipo de apertura al mundo no desagradaba en absoluto a los responsables de la orden del Temple. En cuanto a la doctrina cátara, fundamentalmente no podía molestar a los templarios, y estos incluso encontraban en ella atractivos temas de reflexión, de meditación.

El catarismo es una movimiento sectario perteneciente al cristianismo; en este sentido, no es opuesto a los valores templarios: el ascetismo y la tolerancia, que son las virtudes de esta doctrina, son valores practicados por los monjes soldados del Temple.

Un destino semejante

Podemos ver que existen concordancias entre los cátaros y los templarios, y también que hay una relación evidente que puede justificar la acusación de renuncia de Cristo realizada contra los templarios: los cátaros no negaban la idea de un Dios, pero creían que el límite de sus poderes se situaba en el mundo de lo invisible, de lo impalpable. Este otro universo (que toma la forma de un paraíso en el que todo abunda) es un elemento importante de la doctrina cátara. El mundo concreto, el que se desarrolla sobre nuestra Tierra, no es más que un mundo perverso y perjudicial. En este contexto, muy cercano a concepciones maniqueas, Jesucristo, Hijo de Dios, no tiene lugar. Los cátaros no lo reconocen como tal. Esto es una herejía para la Iglesia, que basa sus principios en la existencia terrestre del Hijo de Dios. Uno de los motivos de la cruzada reside en esto, y también en esto podemos considerar que se basan los actos de los templarios.

Como ya hemos dicho, al escupir sobre la cruz es probable que los templarios ritualizaran su rechazo del símbolo, que no concordaba con su concepción, ciertamente más cercana a la de los cátaros.

Vistas de este modo, las cosas parecen evidentes, lógicas. El destino de los cátaros y el de los templarios fue, de hecho, muy parecido: tanto unos como otros eran cristianos, y fueron perseguidos y aniquilados por Roma. Los cátaros y los templarios aceptaban al Jesucristo Hijo de los hombres, pero no al Jesucristo Hijo de Dios. Este fue un argumento de peso contra ellos. Por último, tanto para los cátaros como para los templarios la leyenda de un tesoro sigue alimentando las calderas de lo extraño siglos después de la desaparición de los cátaros y de la orden del Temple.

Ahora podemos comprender mejor su trágico destino: frente a los dogmas de la Iglesia no tenían ninguna posibilidad, sobre todo porque cátaros y templarios, a distinto nivel y con medios diferentes, eran los potentes vectores de una transformación real y profunda que se estaba produciendo en la sociedad. Cabe creer que las fuerzas oscuras encuentran también abrigo en el seno de la Iglesia apostólica y romana, ya que nadie puede encontrar los elementos o las acciones de una evolución así en los padres de esta Iglesia... ¿Qué sería de la humanidad en estos inicios del siglo XXI si aquel «romano pontífice», en el nombre del «No matarás», no se hubiera ensañado con estos extraordinarios elementos conceptuales y promotores de un mundo mejor?

La influencia musulmana

Un aprecio recíproco

En Tierra Santa, los templarios se sorprendieron. Se encontraron con hombres que tenían otras creencias, es cierto, pero que eran poseedores de una fe tan fundada como la suya y mucho más rica en saber, en una sabiduría que faltaba en su país. El guerrero —y nunca debemos olvidar que el templario era un guerrero— se da cuenta rápidamente, en el campo de batalla, del verdadero valor de su adversario. Además, poco a poco, los templarios reconocieron que las cruzadas no eran más que matanzas que se oponían a las palabras de Cristo. En esos tiempos lejanos, gracias al papel que tenía la orden, musulmanes y cristianos solían entenderse bien en esas regiones de Oriente Próximo, en el Al-Andalus o en Sicilia. Los matrimonios entre ambas comunidades eran, si no frecuentes, al menos posibles, y una moneda común, con divisas coránicas y latinas, circulaba y facilitaba los intercambios comerciales. Muchas crónicas de la época evocan claramente estas buenas relaciones.

También se sabe que los dignatarios de la orden hablaban árabe, y los templarios eran considerados por los musulmanes como «hombres puros, incapaces de faltar a su palabra». Guillaume de Sonnac, gran maestre del Temple en época de San Luis, mantenía una relación de profunda amistad con un sultán...

Respeto, aprecio y amistad animaban por lo tanto las relaciones entre los francos y los árabes, y muchos preceptos de la Iglesia no podían aplicarse en esas condiciones. Templarios y musulmanes intercambiaban, además de ciencia y conocimiento, toda una iniciación que, lejos de esos países, estaría muy mal vista y no se comprendería. ¡Menudos argumentos para un proceso de herejía!

La secta de los asesinos

En el campo puramente iniciático (porque toda caballería somete a sus miembros a una iniciación, y no hace falta negar que esta se practicaba dentro de la orden del Temple), los templarios mantenían estrechas relaciones con la secta chiita ismaelí de los asesinos (del árabe *hashâsiyyin*, «bebedores de hachís»). La estructura de esta orden tenía puntos en común con la del Temple. Había una jerarquía secreta, esotérica, además de la exotérica, igual que en los templarios, aunque todavía hay dudas al respecto. Ambas órdenes enarbolaban el rojo y el blanco en sus emblemas.

Más allá de estas semejanzas, asesinos y templarios llevaban a cabo una búsqueda que, si bien no era común, al menos era parecida. La siguiente afirmación es indudable: durante la fase del proceso contra la orden, algunos templarios prefirieron unirse a sus hermanos musulmanes e integrarse en su orden. ¡Sin duda se sentían cercanos a ellos!

La influencia celta y druídica

Es difícil afirmar una afiliación entre la orden del Temple y el druidismo o el celtismo.

Una razón de peso para ello es que estas dos tradiciones religiosas eran básicamente portadoras de una enseñanza oral; por lo tanto, no hay pruebas escritas que confirmen una eventual relación, al contrario de lo que ocurre con los documentos de las crónicas de la época, que confirman las relaciones de los templarios con la caballería de iniciación musulmana ismaelí. En cambio, algunos indicios parecen favorecer la hipótesis, y es conveniente conocerlos.

Los indicios

El crismón

La tradición de los obreros muestra que la cruz paté deriva de la vieja rueda druídica, el crismón de ocho radios. Este símbolo, el crismón, evoca el inicio, los ciclos (la serpiente que se muerde la cola); y también es, evidentemente, un símbolo solar que tiene su máxima expresión en los rosetones resplandecientes que iluminan el coro de las catedrales.

En la Bretaña, en el claroscuro de las iglesias, se pueden descubrir unas ruedas de carillón que se denominan ruedas de la Fortuna (Meillard-Confort, 29). Muchas de ellas están adornadas con doce campanillas que indican rítmicamente el tiempo que pasa.

Por lo tanto, el símbolo es celta, al igual que la espiral que encontramos asociada a tres ramas en el Tryskel, que evoca el paso de uno de los tres mundos celtas al otro.

La vestimenta blanca

Los templarios llevaban una capa blanca muy parecida a la vestimenta de los druidas.

En la Bretaña hay numerosísimos lugares que evocan este color, símbolo de pureza. Es el caso de Guémené-Penfao, en Loire-Atlantique, que obtiene su nombre del bretón Gwenn Menez, «montaña blanca». Blanca por el color de la roca y también por un culto druídico, el de la Madre Tierra, Dana. Además, como recuerdo de estas ceremonias, a orillas del río Don, que debe su nombre a la diosa Dana, una Virgen ocupa una pequeña gruta de pizarra y granito blanco.

Un objetivo espiritual análogo

Las doctrinas de los druidas son del orden de lo metafísico y, en especial, los druidas trascienden toda la sociedad humana y están por encima del poder político. Es exactamente en esa misma esfera donde se situarán los templarios unos siglos después.

¿Eran herejes los templarios?

El carisma de los templarios

Tras años de proceso inquisitorial, la Iglesia no obtuvo una respuesta final clara. Por lo tanto, hay que creer que la convicción de los jueces, si bien se apoyaba en numerosos hechos que hacían suponer una herejía, no se quebrantó.

El carisma de los templarios era evidente; si bien la Iglesia y el rey de Francia tenían motivos para destruir a los templarios, el pueblo, e incluso algunos señores, temían que se disolviera la orden.

Los caballeros del Temple habían dado seguridad a los caminos y garantizaban la protección de personas y bienes. La orden acababa de dar una expansión a las actividades del país, respetaba la limosna en sus encomiendas tres veces por semana, hacía préstamos a los señores y, en suma, hacerla desaparecer iba a constituir para ellos y para los sabios de la época una catástrofe. Que es precisamente lo que ocurrió…

Para la docta Iglesia, los templarios son heréticos por todas las razones que acabamos de enumerar, e incluso por algunas más. En el fondo de su conciencia, sin embargo, es poco probable que los inquisidores, muy al corriente del auténtico motivo que llevaba a sus superiores a realizar tal acción, creyeran en la maldad de tan culpable herejía.

Preceptos aplicados de forma diferente

En todo caso, los templarios no se consideraban a sí mismos herejes. Aplicaban los preceptos de la religión de forma diferente, fuera de las rutas de la ortodoxia trazadas por el Papa, pero ¿estaban tan alejados de las recomendaciones de Jesucristo, Hijo del Hombre, Hijo de María y de José?

Como máximo podían pasar por herejes los teólogos de la orden, debido a sus investigaciones, sus estudios, sus descubrimientos. El templario, en cambio, alejado de la esfera de influencia iniciática del grupo, se comportaba exactamente según las reglas fijadas por San Bernardo.

Este último, por otra parte, habría podido ser considerado hereje. La forma que tenía de dirigirse al Papa, tuteándolo, su seguridad altanera que le hacía gritar «Los asuntos de Dios son mis asuntos, nada de lo que le concierne es ajeno a mí», o, incluso, sus audacias doctrinales, todo ello podía hacerlo sospechoso a los ojos de la Iglesia.

Los templarios, cuando eran encarcelados, reclamaban una misa, lo que no es precisamente una petición propia de herejes.

La decadencia de la Iglesia

Lo afirmamos aquí: los templarios no eran herejes. En cambio, la Iglesia sí que se había desviado de su camino. Ella sí se revolcaba en la herejía y favorecía las revueltas de los cátaros y de otras sectas. El clero oficial no reconocía los fundamentos de la religión en la que creía. Las riquezas acumuladas, así como las luchas de poder (hasta el punto de elegir dos papas), se parecían cada vez más a un circo y su escenario, acompañados de una fe insípida. En definitiva, las acusaciones llevadas a cabo por Aviñón y Roma contra la orden del Temple podían haberse vuelto contra los acusadores.

Los templarios y las ciencias sagradas

Sobre una verde esmeralda, Ella llevaba el deseo al Paraíso: era el objeto que se denominaba Grial.
WOLFRAM VON ESCHENBACH, *Parsifal*

La búsqueda del Santo Grial

Lo que simboliza el Grial

Búsqueda mítica como ninguna, es una de las fuentes del conocimiento. La epopeya de los caballeros de la Tabla Redonda narra las aventuras de los caballeros del rey Arturo, que partieron en busca de la copa que recogió la sangre del Cristo. Carl Gustav Jung vio en este símbolo «la plenitud interior que el ser humano siempre ha buscado».

Por su presencia en la Última Cena, porque habría sido utilizado por José de Arimatea para recibir la sangre de Cristo, y también porque el Grial simboliza precisamente la muerte del Salvador y su sacrificio, el Grial sintetiza todos los sentimientos del ser humano, todas sus preguntas, toda su búsqueda espiritual. Búsqueda infructuosa de la perfección, de lo absoluto. Como objeto concreto e inmaterial, es un atributo indispensable de la trasmutación alquímica del individuo, de la pareja hombre/mujer.

Algunas versiones afirman que el Grial fue tallado de la esmeralda sujeta en la frente de Lucifer —el famoso Portador de Luz— y en esta leyenda se encuentra el mismo significado: la búsqueda de la Luz, perdida tras la caída... El Grial es un símbolo que se remonta hasta más allá del cristianismo. Entre los celtas encontramos la figura del caldero, el famoso «caldero mágico» en el que todas las composiciones de recetas extrañas eran posibles con el objetivo de «trans-formar» al hombre.

Un tema que se retoma sin cesar

¿Santo Grial o Grial de Sangre? El tema del Grial estuvo muy de moda, en la época medieval, en el ámbito de la caballería. La copa sagrada concedía una sublime y fantástica dimensión a la iniciación de los caballeros, de los... «cabaladeros». La muerte y el renacimiento (como en el caso de Cristo) son temas importantes en cualquier iniciación, y en la búsqueda del Grial en particular. Chrétien de Troyes es el autor, hacia 1180, de la novela más antigua conocida que trata el tema: *Perceval le Gallois ou le conte du Graal* (*Perceval el galés o el cuento del Grial*). El caballero galés aparece como «hijo de la Dama Viuda», una connotación masónica indiscutible, puesto que a los francmasones se les llama «hijos de la Viuda».

Luego le llegó el turno de retomar el tema del Grial a Wolfram von Eschenbach, y, más tarde, a Thomas Malory. ¡A través de estos relatos se puede ver que hay un mensaje para quienes posean las claves, que son muy pocos, según se cree!

La relación con los templarios

La relación con la iniciación de los templarios domina por encima de la búsqueda, y se hace evidente en la novela anónima *Perlesvaus*, publicada hacia 1196. Probablemente el autor fuera un templario. El contenido es digno de un soldado y de un monje, y en ella puede leerse la descripción de una ceremonia de iniciación dentro de un castillo, en el que Perceval es entronizado por dos maestres y treinta y tres caballeros con manto blanco y cruz paté.

Todas estas historias son de lo más curiosas; el linaje real y otras alegorías se hallan presentes en el espíritu templario, en busca de una auténtica y duradera evolución de la especie humana, del *genus homo*, también en busca de nuestra verdadera historia oculta hacia lo divino. ¡Así era, para los templarios, la búsqueda del Grial! En el relato de Wolfram von Eschenbach, los templarios son los guardianes de la copa sagrada... El Grial y los templarios están así curiosamente unidos, asociados en estos textos que se han vuelto legendarios.

> Para concluir este tema, veamos un curioso jalón cabalístico, muy elocuente. En alfanumeración: ¡Grial = 47, Dios = 47!

La cábala

¿Qué es una cábala?

Las circunstancias imponían a los caballeros de la orden del Temple, a aquellos «pobres soldados del Cristo», el uso de una determinada forma de codificación. Por una parte, por razones de transmisión de mensajes de carácter puramente militar, y por otra parte, para todo lo relativo a la comunicación de información contraria a los dogmas de la Iglesia.

La cábala, esta vieja ciencia hebrea del Verbo, era enseñada a los dignatarios de la orden. No se permitía ninguna vacilación a este respecto, si no se pretendía negar totalmente la espiritualidad templaria. La cábala no es más que un «código» reservado a asuntos espirituales.

¿La Biblia codificada?

La cábala es una antigua ciencia que, más que adivinación, permite ante todo sentir la obra de Dios a través de textos —no necesariamente sagrados— y que lleva así a los más incrédulos a reconocer la fabulosa organización de la aventura humana. Está muy cerca de la *qabbalah* hebraica que los rabinos utilizan con los iniciados para los mismos objetivos que quienes practican la cábala o Lenguaje de los pájaros.

Es fabuloso recibir conocimientos ancestrales y hurgar a la vez en los mensajes del inconsciente humano y del de su creador.

¿Es Dios un matemático? Este famoso tema parece ya solucionado por el periodista americano Michael Drosnin[3]. En su libro, el autor se basa en las obras de tres científicos israelíes, Doron Wiztum, Eliyahu Rips y Yoav Rosenberg, que han descubierto unas palabras en relación con otras, formadas simplemente por letras en secuencias equidistantes, que componen el libro del Génesis. El periodista americano, por su parte, prosigue la obra de los tres

---

3. Michael Drosnin, *El código secreto de la Biblia*, Editorial Planeta, 1997.

investigadores añadiendo conclusiones estadísticas sobre otros libros de la Biblia, gracias a un programa informático.

Lo sorprendente es que Drosnin se ha dado cuenta de que el método es válido y que, después de todo, es posible descifrar completamente la Biblia con fines adivinatorios, ya que él piensa que todos los acontecimientos de la humanidad se inscriben en los textos del libro sagrado, que es en realidad una obra codificada. Por supuesto, este descubrimiento ha causado sensación en el mundo entero y provoca en Internet miles de comentarios, a favor o en contra...

Y, realmente, si tomamos una letra de cada cinco del texto en hebreo, las palabras que se desprenden tienen sentido y parece que toman forma ciertas revelaciones, a veces anodinas, como la siguiente: «Shoemaker-Levy» y «golpeará Júpiter»; estas cuatro palabras evocan, sin duda, al famoso cometa Shoemaker-Levy, que golpeó el planeta Júpiter en julio de 1994. Si bien esta revelación puede resultar apasionante para los incondicionales de la astronomía, reconozcamos que no es indispensable para la evolución del planeta Tierra.

La advertencia, antes de que ocurriera el acontecimiento, del asesinato del primer ministro israelí Isaac Rabin, en cambio, reviste un carácter de gran importancia. Drosnin, al hacer este descubrimiento, avisó al político israelí, pero fue en vano... Su nombre surgía en las descodificaciones de la Biblia, junto al de su asesino Amir y el lugar del atentado, Tel-Aviv.

En lo que se refiere a «buenas noticias», Drosnin, por medio de la Biblia, nos anuncia un fabuloso programa de «alegrías» que van a venir. Pero dejemos el tema, ya que cualquier teoría es cuestionable, aun cuando en un principio parezca incontestable. Tantas coincidencias plantean problemas a la lógica; sin embargo, hay que ir con cuidado y no caer en la trampa del fatalismo. Las profecías no existen más que para ser analizadas, con la condición de actuar con prudencia. De hecho, los detractores de Drosnin se divirtieron con su método de «descodificar» *Moby Dick* y encontraron cosas que parecían coherentes en las palabras descubiertas por el ordenador. Se puede —a veces— hacer que las palabras digan lo que deseamos y, a fuerza de buscar algo, se acaba encontrando alguna cosa...

De todo esto podemos deducir que la cábala, o la *Qabbalah*, no es únicamente una diversión de colegiales. La *Qabbalah* es una palabra hebrea que significa «tradición», lo que ya es significativo. Esta ciencia, igual que su prima la cábala, se basa en dos principios esenciales: el Pentateuco es de hecho un mensaje divino codificado con el que los iniciados pueden penetrar en las Altas Verdades. Una de las claves de este código es la lengua hebraica, cuyas letras corresponden a cifras. Para la cábala, el ámbito de investigación es más amplio, todo está considerado como portador de un mensaje divino, todas las lenguas pueden ser cabaladas, pero únicamente el latín, el hebreo, el griego y el francés son lenguas de base, de referencia.

Los caballeros del Temple, por lo menos los altos dignatarios, tenían un perfecto dominio de la *Qabbalah* y de la cábala.

Sin embargo, hay que ir con cuidado de no caer en la investigación superficial cuyos objetivos fundamentales no consisten en nada más que en una forma de suficiencia intelectual, o lo que es peor, una búsqueda únicamente mercantil.

Es conveniente citar al profesor André Bouguenec, uno de los grandes filósofos franceses de este siglo, eminente especialista de la cábala y de todas las ciencias herméticas tradicionales: «Es cierto que hay una cierta abundancia de las "claves" descubiertas, que no concuerdan en definitiva y en las que numerosos investigadores de buena fe se pierden. Para evitar esto, es indispensable volcar en una investigación de este tipo una fuerte dosis de nuestra propia divinidad, lo cual evita cualquier falso camino y cualquier error de juicio».

Por supuesto, si se buscan palabras coherentes en la «codificación» de *Moby Dick*, o de cualquier otro texto, se acaban encontrando. No obstante, coherente no significa inteligente y profundo; ponga a un mono, por listo que sea, ante un teclado de un ordenador, y no hay ninguna posibilidad de que utilice el procesador de textos para reproducir una sola página de *Nuestra Señora de París* de Víctor Hugo.

La diferencia entre el hombre y el animal está precisamente ahí. Nos toca a nosotros hacer buen uso de nuestra... humanidad.

Una vez más, los templarios habían asumido bien esta idea. La fuerza del Verbo se encuentra en la cumbre de la torre de Babel que compone: el Verbo original que contiene todos los demás y les transmite su quintaesencia.

Este Verbo original constituido por veintidós letras fue descubierto por dos investigadores, que en realidad son mucho más que eso: André Bouguenec, ya citado, y su compañero Marcel Émile Sourbieu, autor de *L'Infernale Mission (La infernal misión)*, obra publicada en 1976. Este libro contiene explicaciones excepcionales sobre la aventura humana y sobre el Verbo, entre otros temas brillantemente tratados.

¿Quién utilizó la cábala?

Algunos pueblos se sirvieron de las letras de su alfabeto para representar números, como es el caso de los romanos, por ejemplo.

Los rabinos

Los rabinos extraían su filosofía de un juego mágico de cifras y letras, mezcla de cálculos y de combinaciones, que les permitía la comprensión de los arcanos divinos, un medio de acceder al conocimiento. En el Zohar I, 118a se dice: «El Santo, bendito sea, no quiere que los misterios se divulguen por el mundo. Pero cuando llegue la época mesiánica, hasta los niños pequeños conocerán los misterios de la Sabiduría, todos sabrán lo que llegará con el fin de los Tiempos, gracias a los cálculos».

PARA IR MÁS LEJOS

Estas afirmaciones se refieren a la Qabbalah hebraica, pero la Cábala, la ciencia occidental, también permite «mezclas» e intersecciones de valor.

Esta ciencia ha analizado, de forma general, algunos textos sagrados, entre ellos la Biblia. Según los resultados de dichos análisis, en realidad estaría compuesta por un amplio jeroglífico que habría que descifrar.

Entre las investigaciones recientes y de actualidad que aconsejamos, se encuentra el libro El código secreto de la Biblia, de Michael Drosnin, o La Genèse biblique déchiffrée (El Génesis bíblico descifrado), de Henri Blanquart.

Para nosotros, no se trata de convencer a los escépticos eternos de la legitimidad de la ciencia cabalística, sino simplemente de informar a los lectores de las pistas que ofrece el Verbo.

LOS OBREROS

Esta ciencia es una herencia antigua que los albañiles practicaban en las obras. Es evidente que los jefes que instruyeron o iniciaron a los obreros constructores sacaron sus enseñanzas de las mismas fuentes de la tradición. Los dignatarios del Temple habían dado sus consignas pues deseaban que maestros y albañiles fueran iniciados en este saber. No hay que sorprenderse: el conocimiento, aplicado a la construcción, crea instrumentos bajo tensión, instrumentos de regeneración. Recordemos que una proliferación así de «obras en construcción» no se improvisa. Sólo la orden del Temple, por la aplicación de sus objetivos, podía financiar los trabajos, formar a los obreros y asegurar la disciplina. Ninguna ciudad, a excepción de París, tendría los medios de realizar tales obras.

La cábala practicada por los templarios

En este contexto, la cábala, que forma parte de los elementos indispensables del conocimiento, era una de las artes practicadas por los templarios.

UNA PRUEBA IRREFUTABLE: LOS MUROS DE LAS PRISIONES

Un indicio de peso confirma esta aserción: en ciertas celdas en las que estuvieron encerrados algunos templarios, a veces durante varios años, los prisioneros grabaron dibujos, símbolos y textos con caracteres cabalísticos, mensajes que están por descifrar y que inicialmente estaban destinados a los sucesores de esos detenidos.

Este es el caso del castillo de Gisors, en la torre llamada del prisionero, y del castillo de Coudray en Chinon. En este último, Jacques-Bernard de Molay estuvo prisionero en compañía de Hugo de Payraud.

Lo que resulta raro es que grabados idénticos se encuentran en los muros de ambas fortalezas. Son tablas aplicables, tal vez, a un método de descodificación. Lo que nos importa es la indiscutible confirmación de la práctica cabalística en el seno de la orden.

El Arca de la Alianza

Evocada a menudo en relación con los templarios, este arca está esculpida en una columna de la catedral de Chartres, como evocación de su traslado de un emplazamiento templario a otro, en el momento de la gran persecución; al menos eso es lo que afirman los seguidores del esoterismo…

Descripción del Arca de la Alianza

Veamos la referencia al Arca en la Biblia: Éxodo 37, 1: «Besalel hizo el arca de madera de acacia, de dos codos y medio de largo y uno y medio de ancho y uno y medio de alto. La revistió de oro puro por dentro y por fuera e hizo en ella una moldura todo en derredor. Fundió para ella cuatro anillas de oro, poniéndolas a sus pies, dos a un lado y dos al otro. Hizo las barras de acacia, y las revistió de oro, y pasó las barras por las anillas de los lados para poder llevarla. Hizo el propiciatorio de oro puro, de dos codos y medio de largo y codo y medio de ancho; y los dos querubines de oro, de oro batido, haciendo un cuerpo con los dos extremos del propiciatorio; y los dos querubines salían del propiciatorio mismo en sus dos extremos; tenían las alas desplegadas hacia lo alto y cubrían con ellas el propiciatorio, de cara el uno al otro y con el rostro vuelto hacia el propiciatorio».

Las Tablas de la Ley

El Arca contenía las Tablas de la Ley que, a causa de la idolatría del becerro de oro, Moisés destruyó. Las Tablas eran obra de Dios, y la escritura era la de Dios, grabada por ambas caras, el verso y el reverso... Este sea quizá una pista que no hay que ignorar, la pista de la cábala. Un texto escrito por el anverso y por el reverso simboliza, para los cabalistas, el doble sentido del texto.

El Arca y su contenido son objetos importantes. Los levitas, que garantizan su guardia, sólo cumplen su deber de los veinticinco a los cincuenta años. Moisés quiere, evidentemente, hombres fuertes y vigilantes. Cualquier extranjero que se acerque a las Tablas será condenado a muerte. Las Tablas contienen los diez mandamientos de Moisés, así como imperativos y recomendaciones, pero eso no es exactamente la Ley de Dios.

¿No serán estas Tablas un poder formidable, una energía difícilmente controlable? Si tenemos en cuenta las precauciones adoptadas, nos podemos preguntar si lo son. ¿Tal vez sean también las tablas de la ecuación del universo, las tablas del conocimiento, las que aseguran el poder?

El Arca y su contenido no debían, en ningún caso, caer en manos de cualquiera. La iniciación es indispensable para comprender los escritos de las Tablas, la Ley; Moisés la ofrece a través de un sistema de criptografía numeral: la *Qabbalah*.

Moisés procedía de Egipto, había sido instruido en todas las ciencias de los faraones. Sus conocimientos eran incalculables, pero, a pesar de ello, no pudo aplicar su saber en beneficio de la humanidad.

Tras las huellas del Arca

El Arca y las Tablas de la Ley, la vara de Aarón, el candelabro de siete brazos... Todo desaparecido. Tras la muerte de Moisés, encontramos el Arca en

Palestina, luego en Ashod, igual que en Ekron; luego regresa a Jerusalén, y Salomón el Sabio, el Iniciado, la coloca en el templo. Salomón el cabalista, autor del Cantar de los Cantares, otro texto codificado.

La Biblia no vuelve a dar ninguna pista del Arca desde que está en el templo, donde probablemente fue enterrada. La destrucción del templo no afecta al Arca, que, olvidada, permanece escondida bajo los escombros durante las reconstrucciones y las nuevas destrucciones. ¿Estaba todavía en las últimas ruinas del templo de Salomón cuando los nueve primeros caballeros tomaron posesión de él? Nadie puede aportar una respuesta aceptable a este tema, pero no es imposible que uno de los objetivos de los caballeros del Temple fuera la búsqueda del Arca y de los objetos asociados a ella. La tradición afirma que la orden es poseedora del Arca. Por último, Wolfram von Eschenbach dice que quien conquiste el Grial se convertirá en el gran maestre de la orden del Temple.

¿Dónde está el Arca de la Alianza?

La búsqueda del Arca de la Alianza dura ya más de dos mil años, y su existencia no puede ser puesta en duda. Surgen muchas hipótesis referentes al lugar secreto en el que se encuentra.

Tanto si permanece oculta a todo el mundo como si fue descubierta por los templarios, o por qué no, por algunos contemporáneos nuestros, su estado o apariencia no cambia.

Fue fabricada por Moisés en el monte Sinaí, siguiendo instrucciones de Dios. Constituye prácticamente el poder divino concentrado en un cofre dorado. Provocaba enfermedades, reducía montañas a colinas. Como hemos visto, la forma de construir el Arca aparece en la Biblia con todo detalle, y curiosamente llega a ser el único objeto que goza de tanta… atención.

Es difícil, por no decir imposible, lanzarse tras las huellas del Arca de la Alianza, ya que hay pocas o ninguna. ¿Acaso se encontraba en el sarcófago vacío y sin tapa que reina en el centro geométrico de la pirámide de Keops?

Moisés creció en Egipto y, como sacerdote, gozó de una iniciación susceptible de proporcionarle (además de información divina) las competencias indispensables para la creación del Arca. Fabricada en el seno de esta civilización extranjera, a continuación fue destinada a Israel y Jerusalén, y fue ahí donde el rey Salomón edificó el templo para albergarla. De este sólo quedan algunas ruinas, como el muro de las Lamentaciones. Y es aquí donde se instalaron, durante nueve años, los nueve primeros «pobres soldados de Cristo». ¿Acaso buscaban el *Sanctasanctórum* y el Arca en los rincones más secretos de las ruinas del templo? Creemos que sí.

La Biblia, en ocasiones tan prolija en información sobre el Arca, se vuelve de repente silenciosa en relación con este tema y es precisamente con la llegada de los templarios al lugar cuando aparece de nuevo la pista del Arca. Mientras el templo de Salomón existe, está en él, y después de su destrucción resulta incluso posible que los sacerdotes la escondieran en algún subterráneo desconocido, ya que no está en la lista de objetos saqueados que se puede leer en el Libro de Jeremías. Es un hecho cierto: hasta la llegada de los templarios, el objeto más sagrado del mundo desaparece de la superficie de la Tierra.

Los templarios excavaron las ruinas del templo, hasta tal punto que hicieron cuadras en el subsuelo, en las antiguas del rey Salomón, capaces de contener dos mil caballos, en un espacio amplio y sin ninguna molestia para los animales. Para conseguir tal proeza había que remover rocas y tierra. El objetivo inicial de los templarios no era construir una cuadra tan amplia (eran nueve), sino que aprovecharon la ocasión y habilitaron como cuadra el espacio resultante de sus excavaciones.

Por supuesto, existen otras hipótesis que sitúan el Arca, por ejemplo, en Etiopía, en relación con la reina de Saba y su hijo Menelik, hijo también del rey Salomón. La presencia del Arca es una auténtica creencia en este país africano. Según parece, estuvo en una isla del lago Tana y luego fue enviada a Aksum, al norte del país, donde actualmente estaría guardada en la capilla de Santa María de Sion (este nombre aparece a menudo junto al de los templarios, y ha dado lugar a numerosas fantasías por parte de algunos ocultistas). No obstante, curiosamente nadie, excepto el guardián, puede ver el arca…

Ahora, una seudoorden moderna escocesa que dice ser heredera del Temple afirma que tiene el cofre, algo totalmente inverosímil. Vestidos con los mejores peplos, los miembros de esta orden deleitan su ego sin discreción adoptando aires de conspiración. Es evidente que los protectores actuales del Arca de la Alianza (si es que los hay) son más discretos y se abstienen de gritar que poseen el objeto sagrado.

Los templarios de los primeros años de la orden descubrieron sin duda lo que buscaban en las ruinas del templo de Salomón.

Cuando encontraron el Arca, podría ser que la transportaran al lugar de origen de la orden, es decir, a Francia; algunos indicios llevan a pensar que todavía en la actualidad hay algunos objetos sagrados en las cavernas naturales de Aude, cerca de la antigua encomienda del Bézu, que curiosamente no fue saqueada durante la batida del 13 de octubre de 1307.

Los cuadrados mágicos

¿Qué son?

Forman parte de la historia de la humanidad; son juegos intelectuales que favorecen la elaboración de una metafísica divina; en un plano concreto, los cuadrados mágicos son medios de erigir planos virtuales hacia el cielo. Son indispensables para los trazados de los albañiles; algunos monumentos templarios fueron elaborados gracias a ellos. Son la encarnación de una armonía arquitectónica, de los modelos del orden que gobierna toda la Creación.

El cuadrado Sator

El cuadrado mágico más famoso es, sin duda, el cuadrado Sator. Lo encontramos en las épocas más lejanas, en Dura Europos, por ejemplo, en el Éufrates, y en las ruinas de Pompeya.

COMPOSICIÓN

Está compuesto por nueve letras que se repiten y forman palabras que se leen tanto en horizontal como en vertical, y en todos los sentidos:

```
S A T O R
A R E P O
T E N E T
O P E R A
R O T A S
```

Explicación

Las únicas vocales que aparecen en este cuadrado son la A, la E y la O. Los especialistas de Hermes reconocen alfa y omega, pero también las letras simbólicas de Adán y Eva.

El pastor alemán Felix Grosser descubrió en 1926 la posibilidad de escribir dos veces *Pater Noster* en cruz, entre alfa y omega; la N sería el eje, igual que lo es del propio cuadrado. Es un descubrimiento sorprendente que plantea muchas preguntas a los dos especialistas del cuadrado Sator, Alex Bloch y, en especial, el profesor de Nantes André Bouguenec.

Estamos convencidos de la extrema importancia de este cuadrado en la espiritualidad templaria, y únicamente destacaremos este hecho: si se sigue la trayectoria del caballo en el tablero sobre el cuadrado Sator, partiendo del eje central de N, hay que unir alfa y omega mediante la E, y así se descubre la cruz paté de la orden del Temple.

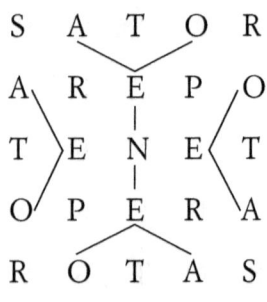

En su libro, el periodista Gérard de Sède realiza una brillante demostración del uso del Sator por parte de los iniciados de la orden. Merece una atención especial, aunque sea por las posibilidades sorprendentes que ofrece este cuadrado mágico.

La alquimia en el panteón de las ciencias y de las artes

La alquimia es una ciencia muy antigua, practicada por las primeras civilizaciones asiáticas, en el Egipto de los faraones; practicada también por los celtas; y, en Europa, conocedora de una formidable expansión en plena Edad Media. Encuentra su lugar natural junto a las nuevas expresiones culturales que son la arquitectura, las matemáticas, la astronomía, la astrología, la música, la poesía…

Las grandes ideas nacen en este periodo de la historia, y los templarios, entre otros, aparecen como los indiscutibles vectores, los promotores, si no los iniciadores de estas artes y ciencias, ¡entre las cuales hay algunas controvertidas todavía hoy!

La trasmutación de la materia y del espíritu, tema de interés para los templarios

Los templarios practicaron la alquimia, igual que practicaron todo lo que les permitiera una evolución espiritual y material. La alquimia, cuando no es pervertida por patanes empeñados en vano en la producción de oro, y por lo tanto obsesionados con el enriquecimiento personal, es una ciencia maravillosa, que además de la transmutación de la materia favorece también la del espíritu. Desde este punto de vista, resulta indiscutible que la alquimia correspondía perfectamente a los objetivos de la orden del Temple.

Esta vieja ciencia, tan antigua como el hombre, sigue siendo evocada en relación con la orden del Temple, cuya riqueza, pretendidamente fabulosa, siempre ha sido incierta, mágica... Ya se han hecho todas las especulaciones posibles, y particularmente esta: la orden era rica, y esto era así porque los monjes soldados fabricaban oro. De ahí la creencia en la alquimia, que se creía que podía transmutar los metales viles en oro verdadero.

El origen de las riquezas de la orden

No olvidemos que la orden no pagaba impuestos ni tasas, pero sí podía percibirlos; a menudo heredaba bienes de sus nobles caballeros, que gestionaban otros, lo cual le aportaba mucho dinero, que sobre todo prestaba (al reino de Francia, por ejemplo) o dedicaba al comercio. Todos estos son medios suficientes para «fabricar» dinero sin tener que recurrir a prácticas alquímicas.

La ascesis alquímica

Tampoco podemos dejar de tener en cuenta el significado real de la alquimia: una ascesis que hace evolucionar el psiquismo de quien la practica, paralelamente a la trasmutación de la materia en la que se sumerge durante las operaciones químicas. Aquí nos encontramos con dos aspectos del masón: el operativo y el especulativo, herencia de los druidas que obraban en la materia y en el éter.

No hay que olvidar tampoco que la alquimia es, efectivamente, un medio formidable de acercarse a Dios, puesto que tiende a imitar al Creador. Los templarios encontraron el arte de la transmutación al entrar en contacto con los sarracenos, que lo dominaban desde el tiempo de los egipcios. La etimología más reconocida de la palabra alquimia es *al Khemit*, es decir, Egipto.

La Gran Obra, como se denomina también, es de una formidable complejidad. También hay que saber *hacer cábalas* para penetrar en los arcanos, que son los secretos de la vida.

Los alquimistas suelen trabajar en pareja, y deben evolucionar juntos. Entre los más conocidos se encontraba Nicolas Flamel y su mujer, la dama Pernelle. Los templarios van de dos en dos en su proceso espiritual. Este proceso, que nunca ha sido bien entendido, fue considerado en su tiempo una forma de homosexualidad y utilizado como cargo contra la orden.

La ciencia de los cálculos

La alfanumeración

La cábala da a los alquimistas algunas claves: macho + hembra = 89 en alfanumeración. 89 = la pareja. Esta equivalencia nos conduce hacia el número de oro, utilizado por los maestros constructores. El número de oro es phi, la vigesimoprimera letra del alfabeto griego, compuesto por la dualidad y el principio: 2 y 1.

Otra equivalencia impuesta por el Gran Arquitecto: *phi* = 33 = ¡oro!

El concepto de la dualidad

En la verdadera práctica de la alquimia hay una búsqueda diferente a la del enriquecimiento material. El adepto evoluciona y comprende las leyes del universo. Comprende el concepto de la dualidad, simbolizado en el Bausán sable y plata de la orden del Temple.

También comprende que el binario está compuesto por dos bases, una combinación de dos cuerpos simples. La Creación es la aplicación de un sistema binario: dualidad, oposición, lucha del bien contra el mal... Una unidad es un todo compuesto, recompuesto, una unión, una re-unión. (¡Hay que relacionar la palabra unión con la palabra *ión*, átomo... de la vida!).

El impacto de los templarios

Las corrientes que sobrevivieron

Sic transit gloria mundi.
«Así pasa la gloria del mundo».
Palabras en otro tiempo reservadas a los Papas…

La Rosacruz

Dos instituciones filantrópicas y filosóficas llevan las huellas templarias: la francmasonería y la Rosacruz. Esta última es, probablemente, la más antigua, pero hay diversas opiniones al respecto.

Son muy cercanas la una a la otra, y sus historias se mezclan; es muy difícil determinar una fecha oficial de nacimiento tanto para una como para otra.

La Rosacruz se dio a conocer en Francia en 1623, en pleno verano.

Unos carteles sibilinos anunciaban: «Nosotros, Diputados del Colegio Principal de los Hermanos de la Rosacruz, tenemos morada visible e invisible en esta ciudad por la gracia del Altísimo, hacia el cual se dirige el corazón de los justos. Sin libros ni máscaras enseñamos a hablar todas las lenguas del país, y queremos ser, para sacar a los hombres, nuestros semejantes, del error mortal».

Unos días más tarde, otro cartel reforzaba el misterio de estos extraños rosacruces. En aquella época, los servicios de policía preguntaban en vano, y los rosacruces siempre daban qué hablar, sin dedicarse, sin embargo, a acciones criminales. Primero en Alemania, en 1614, 1615 y 1616, unos personajes de esta asociación invisible se dan a conocer en obras como la *Fama Fraternitatis de la Venerable orden de la Rosacruz, dirigida a todos los sabios y grandes personajes de Europa* o *Las Nupcias Químicas de Christian Rosenkreutz, en 1459*.

Este Christian Rosenkreutz es el fundador legendario de la sociedad, al que se unirán ocho personas más, los «Hermanos de la primera ronda» (8 + 1 = 9, ¡volvemos a encontrar la cifra exacta de los fundadores de la orden del Temple!). Nos gustaría creer en el azar, pero en el contexto de esta sociedad secreta iniciática, esto nos parece más bien un guiño a la orden de los Mantos Blancos. En lo que se refiere a los Hermanos de la primera ronda, los podemos asimilar a la Tabla Redonda y sus caballeros. El símbolo de la rosa con la cruz está muy cerca de la roja cruz paté de los templarios...

Todo es simbólico entre los rosacruces: el fundador vivió ciento seis años, y su tumba fue descubierta ciento veinte años más tarde (el ciclo de ciento veinte años es esencial). Una de las prolongaciones modernas de la Rosacruz, la Antigua y Mística Orden de la Rosacruz (AMORC), nació en los Estados Unidos a finales del siglo XIX. Es muy rica, y sin embargo predica contra la riqueza... Su estructura recuerda, según algunas personas, a la organización jerárquica piramidal de ciertas empresas que fabrican y venden productos de consumo en reuniones a domicilio. Otras órdenes afirman ser las oficiales, y los ritos de unas y otras mezclan un poco todas las tradiciones: los ritos son egipcios, celtas, templarios o astrológicos.

A priori, no hay en ello ningún peligro, y los conocimientos profesados suelen disponer de buenas bases. Aunque hagan referencia a la orden del Temple, ello no significa que estas sociedades sean herederas de la orden; digamos más modestamente que se inspiran en ella y que hacen referencia a ella, lo cual no es ni condenable ni criticable ya que, después de todo, hay ejemplos peores que el de la orden del Temple.

La francmasonería

La francmasonería está tan bien representada en este principio de siglo XXI como lo está la Rosacruz. Hay diversos ritos u obediencias: la masonería simbólica regular, los ritos de tradición de altos grados, los ritos masónicos culturales, los ritos mágicos y, por último, lo que nos parece incompatible, los ritos masónicos modernistas, racionalistas y agnósticos.

Si bien algunos grados de la iniciación masónica hacen referencia a la Rosacruz, las referencias a la orden del Temple son numerosas. La francmasonería tiene su origen en las obras de construcción organizadas, pagadas y gestionadas por los templarios. Los cuerpos de los oficios, repartidos en grupos de obreros, recibieron ciertos conocimientos de los maestres del Temple; con la desaparición de este, asumieron esa misión: conservar ese saber, transmitirlo y enseñarlo a quienes lo merecieran. Esto se hizo en las obras y los talleres; más tarde, cuando se separan de forma natural los masones operativos y los especulativos, los ritos y las enseñanzas se encuentran protegidos en las logias. Bernardo de Clairvaux y sus monjes eran buenos constructores, como lo fueron los masones.

Los templarios desempeñaron un papel importante en todos los oficios. Es normal que los masones hayan heredado (aunque sea indirectamente) los conocimientos y la espiritualidad de los templarios. Actualmente, son los únicos que pueden reivindicar con razón los estrechos nexos que los unen a los templarios de hace setecientos años. Las dos colonias masónicas, Jakin y Boaz (J-B) son referencias al último gran maestre de la orden, Jacques-Bernard de Molay. Y así es como algunos grados ha-

LAS FILIACIONES MASÓNICAS Y ROSACRUCES

El hombre de los orígenes era el supuesto poseedor de conocimientos y poderes sin posible comparación con el saber moderno y las tecnologías de hoy. Las ciencias «tradicionales» y sagradas, de las que gozaba libremente el hombre de los primeros tiempos, se han ido perdiendo poco a poco: alquimia, magia natural, evocaciones de espíritus y otras prácticas taumatúrgicas. El objetivo de la francmasonería, o en cualquier caso el de una francmasonería especulativa, la de los «altos grados», es volver a encontrar el acceso a este saber perdido.

Esto es posible gracias a la iniciación y a la revelación de algunos conocimientos que ofrecen unos Superiores Desconocidos, *colectividad de seres que han alcanzado un estado superior a la humanidad ordinaria y que son los auténticos maestres de altos grados.*

Estos Superiores Desconocidos son, según las tradiciones, templarios (tras su abolición oficial la orden se habría perpetuado en Escocia bajo la protección del reino), o rosacruces que han alcanzado el último estadio de cumplimiento, después de recorrer todas las etapas del largo camino de evolución y de alcanzar un estado del ser que les permite ahora desprenderse de nuestra condición humana. Al estar la leyenda de los rosacruces, como hemos visto, estrechamente relacionada con la de los templarios, todas estas tradiciones se entremezclan y dejan ver el motivo recurrente de una sociedad secreta y sobrehumana depositaria de los saberes más profundos y antiguos.

cen referencia directa a la orden, como los «caballeros del Temple» o *Knights Templar*.

Sin duda, es en el seno de la Rosacruz y de la masonería donde se está más cerca de la espiritualidad templaria, en particular en el seno del rito escocés. Los templarios, que tenían en sus líneas arquitectos masones herederos de Hiram, que fue quien creó el templo de Salomón, fueron guardianes y transmisores del conocimiento. Cuando se produjo la persecución, el gran maestre de la provincia de Auvernia, Pierre d'Aumont, acompañado por otros templarios, se refugió en Escocia... Lejos de sus raíces, privados de la vida y de los asuntos de la orden, estos templarios intentaron mantener una apariencia de actividad, copia modesta de la que existía en el pasado, demasiado cercano todavía para ellos. La nostalgia explica este comportamiento y, según podemos suponer, la convicción profunda de la obligación de proseguir con la obra del Temple, aunque fuera a menor escala. De estos hombres procede la leyenda persistente de una prolongación secreta de la orden.

Lo cierto es que estos templarios adoptaron el evocador nombre de «Arquitectos Perfectos». Combatieron al lado del rey de Escocia Robert Bruce y, gracias a ellos, este país consiguió su independencia en 1314. Estos caballeros del Temple fueron integrados a continuación en la orden Real de Escocia. Aquí encontramos los orígenes de la masonería de rito escocés. La búsqueda del Grial y la alquimia humana podrían mantenerse... La función de iniciación del trigésimo grado de este rito es explícita: se denomina «Venganza de los templarios». Por último, el trigesimotercer grado, más elevado, comporta como símbolo una cruz denominada teutónica, con las iniciales J. B. M. Son las iniciales del gran maestre Jacques-Bernard de Molay. Al menos, esta filiación no deja lugar a dudas.

Los templarios
a través de los siglos

Al cap de set cents ans verdeja lo laurel.
«Al cabo de siete siglos verdea el laurel».
Proverbio occitano o cátaro

El 18 de marzo de 1314, el último gran maestre de la orden de los caballeros del Temple es quemado en la hoguera por hereje y relapso.

¿Qué queda del Temple casi setecientos años después? No mucho, únicamente pálidas imitaciones creadas por individuos que buscan gloria, honor y misticismo, y no el Grial.

A principios del siglo XIX, Fabré-Palaprat se autoproclamó gran maestre de una orden del Temple de la que era creador; desde ese momento, las órdenes que afirman ser herederas espirituales del Temple son legión.

En su mayoría, estas órdenes no son peligrosas y pueden incluso ser de interés cuando tienen como objetivo sensibilizar a los hombres sobre otra dimensión y otras aspiraciones, sobre todas las cosas que la orden verdadera defendía. Por desgracia, otras órdenes son desviaciones peligrosas que se convierten a menudo en noticia.

¿Indicios de una continuidad templaria?

La fascinación que ejercían los templarios

Es fácilmente comprensible que el carisma de los templarios haya sido una semilla de inspiración para los hombres deseosos de emociones, «conspiraciones», ceremoniales y otros ingredientes indispensables para una valoración correcta de los individuos. ¿Se destruyó el Temple? Aunque fuera así, hay que hacerlo renacer de sus cenizas —como el Ave Fénix, sin planteárselo— proporcionándole una virginidad nueva y, sobre todo, una nueva legitimidad.

La actualidad no deja de ofrecernos tristes ejemplos de caminos sin salida por los que desfilan en procesión, exquisitamente vestidas como «pobres soldados de Cristo», personas de las que abusan desaprensivos sin prudencia y sin escrúpulos, y cuyas únicas motivaciones son la importancia del poder que se otorgan sobre seres débiles e inocentes. Sin embargo, no es porque existan grupúsculos neotemplarios por lo que puede mantenerse una perennidad «secreta» o «discreta» desde la disolución oficial de la orden. Hay quien lo afirma (autores debidamente marcados por obediencias asociativas de carácter «iniciático» a las órdenes rosacruces o masónicas modernas)... Hay quien dice que la orden del Temple preparó su futuro para los siglos siguientes a su caída y, entre los elementos que alimentan la hipótesis, hay un hermetista, P. V. Piobb, que, en los años anteriores a la segunda guerra mundial, veía en las *Centurias* «proféticas» de Nostradamus una especie de testamento espiritual de la orden del Temple, con las consignas indispensables para su destino a través de los siglos.

Nostradamus

Cuando Michel de Nostre-Dame, llamado Nostradamus, nació en Saint-Rémy de Provence en 1503, hacía ya casi dos siglos que los templarios habían dejado de existir, víctimas de las operaciones del rey y del Papa. Por lo tanto, es muy osado establecer un nexo directo entre la orden y Michel. Su familia judía se había convertido al cristianismo, y el futuro «profeta» tomó el relevo de su padre médico.

En este campo, Michel de Nostre-Dame es reconocido y apreciado por todos. Incluso se adelanta enormemente a su época, en particular en lo que se refiere a la higiene, que no constituye un motivo de preocupación para sus contemporáneos. También tiene gran prestigio como astrólogo: es consejero de la reina Catalina de Médicis y su hijo, Carlos IX.

¿Astrólogo? En este siglo no se llega a ser experto en astrología mirando el cielo. La astrología depende de la iniciación, incluso a un alto nivel. Este puede ser el nexo que faltaba, ya que algunas sociedades secretas nacidas de las «ruinas» del Temple actuaban en la sombra. Es posible que una de estas, más cerca de la espiritualidad templaria que las demás, se hubiera puesto en contacto con este joven brillante, que poseía el perfil exacto de los individuos cooptables.

Las *Centurias* de Nostradamus son el tipo de obras típicas de un iniciado, o de un amigo de iniciados, gente despierta, instruida y sabia, y, por qué no, poseedores de la conciencia templaria, portadores de la cruz roja, los famosos rosacruces... Nostradamus vivió en Alet-les-Bains, antiguo obispado de Aude, un pueblo cercano a Rennes-le-Château, donde Bertrand de Blanchefort había sido gran maestre de la orden del Temple, y cercano también a la encomienda templaria del Bezú, que no fue saqueada el 13 de octubre de 1307.

En Alet-les-Bains hay algunas curiosidades: las ruinas maravillosas de la antigua catedral de Alet, la iglesia actual adornada (como la iglesia de Saint-Martin-de-Limoux, muy cercana) con... la estrella de David, y la casa de Nostradamus, cuyos modillones y vigas están adornados con diferentes símbolos herméticos y, también, con la estrella de David o el sello de Salomón… que nos recuerda a los templarios.

Por sí solo, el sello de Salomón contiene una buena cantidad de hermetismo, y es un símbolo alquímico que representa el conjunto de los cuatro elementos: tierra, aire, agua y fuego. Los templarios utilizaban la alquimia para la evolución individual de sus dignatarios y la de la especie humana en general, en un ambicioso plan de educación popular, una de las misiones espirituales de la orden del Temple.

En el blasón de Nostradamus se leía: «Paté con una rueda partida por ocho radios, compuesta por dos cruces potenzadas con plata, acuartelada de oro con una cabeza de sable». Encontramos de nuevo aquí los colores emblemáticos de la orden, es decir, el rojo (de la cruz paté) y el blanco y el negro (el plata y sable del Bausán). El oro otorga numerosos simbolismos; asociado a la plata evoca a alfa y omega y a las dos claves del conocimiento. En cuanto al crismón, la rueda partida por ocho radios, es un símbolo druídico indudable, utilizado a menudo por los templarios, y es un símbolo crístico, como todo lo que guarda relación con el número ocho, que, puesto en horizontal, es también el símbolo del infinito… ¡De la eternidad!

Las *Centurias*: obra templaria

Según Louis Charpentier, que se basa en los trabajos de Piobb, «las *Centurias* de Nostradamus serían, en realidad, un escrito templario que data de después de la disolución oficial de la orden, y menos relativo a profecías que a líneas directrices dadas, por encima del tiempo, a individuos futuros. Por eso tienen la apariencia profética que adquieren los relatos de acontecimientos, no sólo previstos sino también preparados, y cuya realización se ha podido asegurar»[4].

Esta hipótesis puede parecer osada, pero algunos de sus elementos desconciertan. Louis Charpentier se da cuenta de que el propio sobrenombre de Nostradamus había sido elegido a propósito. Este nombre evoca a la Virgen que, como ya hemos apuntado, era más que venerada por los templarios: era una referencia absoluta para ellos. Además, los textos misteriosos de Nostradamus hablan con frecuencia del Temple. Sin que se pueda asegurar que con ello se refiere a la orden, hay que reconocer que el contexto en el que este nombre se sitúa siembra la duda hasta en los espíritus más escépticos.

Veamos algunos ejemplos:

> Antes venida de ruina céltica,
> Dentro del templo dos parlamentarán,
> Puñalada corazón, de un jinete en coraza y pica,
> Sin hacer ruido el gran entierro.
>
> *(Centuria V, 1)*

---

[4]. Louis Charpentier, *Los misterios templarios*, Ediciones Apóstrofe, 1995.

¿Se trata de la descripción del final de la orden del Temple?

Veamos otro ejemplo extraído por Charpentier:

> El divino verbo será desde el cielo golpeado,
> Quien no podrá avanzar más adelante:
> Volviendo a encerrar el secreto sellado,
> Quien irá por encima y por delante.
> *(Centuria II, 27)*

Charpentier se pregunta si por «Divino Verbo», Nostradamus no entiende las Tablas de la Ley, escondidas (junto con el Arca de la Alianza) en algún lugar subterráneo secreto ... Esto vendría a confirmar nuestra investigación. Tanto más cuanto que, probablemente, en otra *Centuria* (X, 13) se evoca la partida de un cofre (el Arca) oculto en una carreta de heno, tirada por dos bueyes hacia un destino desconocido.

Y así es como ocurrió el 12 de octubre, justo antes del arresto de los templarios, cuando numerosos cofres tomaron la ruta de La Rochelle.

Los templarios del Bézu, por su parte, tuvieron todo el tiempo del mundo para esconder objetos muy valiosos en escondrijos naturales habilitados por ellos mismos en la región del Razès.

Estos elementos no prueban nada, sólo plantean preguntas complementarias, pero esperamos que llegue el momento en que las respuestas aclararán este misterio.

Los supuestos continuadores de la orden

El siglo pasado, un historiador bretón, el señor de Fréminville, afirmaba que la orden del Temple no había desaparecido, y que en realidad se había reconstituido y mantenido en secreto desde 1324. El famoso Bertrand du Guesclin habría sido su gran maestre hasta el día de su muerte. Pero el historiador no demuestra nada, es una hipótesis más.

Hay quienes no han dudado en inspirarse en este tipo de divagación. No han tenido escrúpulos para redactar la lista de supuestos grandes maestres, hasta el siglo XX, entre los que encontramos, precisamente, al condestable de Francia.

Hasta que no se demuestre lo contrario, e insistimos en la palabra *prueba*, el Temple está irremediablemente muerto. Sólo quedan de él testigos mudos: monumentos, construcciones, leyendas en las que el pueblo hace de los templarios santas víctimas de las intrigas reales o bien monstruos, autores de todos los crímenes. En el fondo hay un poco de realidad entre un extremo y el otro. Además, la gente suele confundir a los templarios con los hospitalarios.

Los monjes rojos

Estos últimos, cuya orden existía desde 1099 —y, por lo tanto, antes que la del Temple—, heredaron bienes templarios, al menos los que los Mantos Blancos no creyeron conveniente trasladar antes de la batida.

¡En la Bretaña, a templarios y hospitalarios se les da como sobrenombre «monjes rojos», *Er Menahet Ru* en bretón, y en algunos lugares como Carnac, los habitantes se vengaron de los «monjes rojos», probablemente hospitalarios no libres de crímenes, destruyendo a caballeros y construcciones.

Muchos cuentos relatan también los trágicos acontecimientos del 13 de octubre de 1307. ¡Debieron de ser terribles para marcar hasta ese punto a la gente! O eso parece en la historia local que se oye en Limerzel, en Morbihan, pueblo próximo a Rochefort-en-Terre; es la siguiente.

La aventura tiene lugar en el supuesto «Temple-de-Bas», en Limerzel. Un atardecer de tormenta, los campesinos trillaban el trigo cuando estalló una gran tormenta. Llegaron a una granja vecina para cobijarse, pero descubrieron asustados a un hombre con una túnica roja, apoyado en la paja, pálido y silencioso. Al cabo de tres días, dicho hombre murió sin haber pronunciado palabra. Fue enterrado, y sobre su tumba se erigió una cruz de granito. Este hombre era uno de los templarios del templo de Carentoir. Había sobrevivido a la matanza y, herido de muerte, había intentado llegar a la casa de sus hermanos de la encomienda de Limerzel.

Este hecho nos explica por qué a los templarios se les llamaba «monjes rojos». La expresión no se hace válida hasta después del 13 de octubre, cuando, perseguidos y heridos, los templarios de la Capa Blanca no llevan más que una vestimenta manchada por su propia sangre. Creemos que la mala reputación de los templarios se debe a su oposición a la Iglesia. ¡La venganza popular se encarga rápidamente de dar renombre a los vencidos! No es nada nuevo…

El fantasma de los templarios, guardián de los tesoros

La riqueza de la orden del Temple también ha hecho trabajar la imaginación. ¿Cuántas historias existen en cada uno de los lugares frecuentados por los monjes soldados?

En 1892 se descubrió un escondrijo en un muro de unas ruinas templarias del valle de las Maravillas en Ille-et-Vilaine. Se creía haber descubierto todo un tesoro, pero no era más que una pequeña cueva.

En la capilla templaria de Plébouille, en Côtes-d'Armor, se decía que había un fabuloso tesoro. Incluso cuentan que un subterráneo permite acceder a él, pero ¡nadie se atreve a adentrarse porque el fantasma de un templario se aparece en el lugar y desanima hasta a los más valientes!

Los lugares templarios suelen estar rondados por un séquito de espectros de todo tipo. En un pueblo de Loire-Atlantique, Avessac, unas ruinas templarias luchan contra el tiempo sobre una colina. Son las ruinas de la capilla de Triouby, antiguo oratorio templario. Los ancianos del lugar afirman que en otro tiempo esas viejas piedras resplandecían con un brillo extraño y que unos espectros deambulaban por los restos de la antigua capilla. Según un ferroviario, un monje rojo gritaba de tal forma que ponía el vello de punta. Este monje rojo aparecía todas las noches a buscar a los pecadores para llevárselos consigo hasta el infierno.

Los vestigios templarios

El departamento del Loire-Atlantique es más rico en vestigios templarios que los demás departamentos bretones, que estaban ocupados sobre todo por los hospitalarios.

Una región es particularmente interesante: el «pays de la Mée», que significa «el país del centro», entre Châteaubriant y Guémené-Penfao. En este pequeño rincón del sur de la Bretaña, los templarios se instalaron en Saint-Aubin-des-Châteaux, donde se puede visitar una preciosa capilla templaria dedicada a San Gil. Por todo este sector, hay cruces templarias en carreteras y caminos, y aunque algunas han sido destruidas, todavía quedan algunas magníficas.

La toponimia es curiosa en esta pequeña región. En primer lugar, tenemos Sion-les-Mines, que parece desgastado y debería ser un placer para los irreductibles propagandistas del priorato de Sion. Además, cosa divertida, el nombre de lugar más frecuente alrededor de Sion es... Noé.

Estos son los restos de la orden del Temple, en el pasado brillante y poderosa. Unas ruinas patéticas, unos monumentos sorprendentes, una toponimia evocadora; en la Bretaña y por todos los lugares por donde estuvo implantada.

A través de estas obras de piedra y en estos lugares todavía sopla la espiritualidad templaria. Aún tenemos la oportunidad, cada vez que nos cruzamos con uno de estos monumentos, de recordar a estos monjes soldados siempre temidos y respetados. Pecaron de orgullo, el de querer cambiar a los hombres, y fracasaron... hasta el momento.

¿Resurgimiento moderno?

Admitamos que estas reflexiones resultan interesantes, y el tema de la supervivencia directa e íntegra en el espíritu de la orden del Temple sigue en pie. Lo más probable es que no haya sobrevivido a las batidas, las mutaciones, las asimilaciones diversas; sin embargo, es casi seguro que su espiritualidad y su misión esenciales han sido retomadas y enseñadas en las bases de grupos corporativos de los que han surgido otras órdenes como la Rosacruz y la masonería.

Este tema reaparece sin cesar, ya que la orden del Temple, en dos siglos de actividad, marcó la memoria y la imaginación de los hombres. ¿Por qué debería haber una sucesión de los templarios? Esta es la pregunta adecuada.

El primero de los motivos, y con él volvemos al origen de la orden, lo constituye el hecho de que se necesitaría una situación propicia para la creación de una organización así. Cuando, en 1118, nueve caballeros emprenden la ruta hacia el templo de Salomón, el destino próximo de la orden ya está más o menos previsto, por no decir trazado. La búsqueda del Arca de la Alianza o de cualquier otro objeto sagrado, tanto real como simbólico, será tan sólo el elemento sobre el que la orden tendrá que apoyar sus bases y sus objetivos secretos. Por lo demás, es la misma época que engendra el Temple la que engendra los cátaros y la civilización occitana. El feudalismo no tenía futuro. Los hombres se sentían perdidos, ahogados por leyes inicuas, dictadas por los señores, el rey o la Iglesia. La sociedad aspiraba a otra cosa. En el sur se estaba llevando a cabo una transformación profunda; en todas partes, los templarios establecían otro modo de funcionamiento. En el ámbito de los oficios, por ejemplo, ¿cuántas personas fueron libertadas por ellos? ¿Cuántos siervos quedaron libres del yugo feudal?

Los resultados no tardaron en hacerse notar, puesto que la civilización occitana y la orden del Temple fueron destruidos despiadadamente.

Este es el marco requerido para reexaminar una organización capaz de desempeñar el papel de contrapoder con la esperanza de modificar las condiciones físicas, morales y espirituales de sus contemporáneos. A continuación, esta organización tendría que encontrar fallos en las leyes y las reglamentaciones para conseguir una envergadura internacional.

No sabemos si la situación presente requiere este tipo de movimiento, pero las condiciones indispensables para una eclosión como la de la orden del Temple están ahí.

En cuanto a lo de afirmar que la orden ha seguido existiendo en secreto, ¡eso es otro asunto! Si la orden se hubiera escondido en la sombra durante todos estos siglos para poder poner en práctica sus objetivos algún día, ¿no es cierto que habría tenido numerosas ocasiones para intervenir? La orden del Temple fue totalmente destruida, por mucho que esto desagrade a los espíritus nostálgicos. Alfred de Chefdebien d'Aigrefeuille, cofundador del Rito Primitivo de Francia en la logia de los Filadelfos de Narbonne, defendió en su momento, ante el congreso masónico en Wilhelmsbad, la tesis que apunta que la orden del Temple sigue existiendo, ¡y que sus grandes maestres eran nada menos que los «Superiores Desconocidos» que gobiernan el mundo! El problema es que nada sostiene esta tesis.

Se ha dicho, acertada o equivocadamente, que la masonería participó en una labor de zapa para hacer caer a la realeza francesa en beneficio de la república. Probablemente eso sea cierto... Los Derechos Humanos están muy cerca del «Derecho Humano» de obediencia femenina, creado en 1893 por Maria Deraismes y George Martin, Gran Logia simbólica escocesa.

En los Estados Unidos también se nota la acción de los *freemasons* en la Constitución. El billete verde americano muestra claramente un símbolo masón, un triángulo luminoso con un ojo dentro, coronando una pirámide... *Big Boss is watching you!*

Sin embargo, los masones no son ni serán nunca templarios. De hecho, ya sus divisiones demuestran que no son transmisores de una doctrina ni de una espiritualidad a las que podrían remitirse. Las diferentes órdenes masonas se inspiran en el saber templario, nada más. El rito escocés es el más cercano al ocultismo practicado en el secreto de las encomiendas.

Muchas organizaciones dicen pertenecer a la orden del Temple, pero ninguna puede presentar un certificado de autenticidad, por decirlo de alguna manera.

Las enseñanzas que aprovechó el pueblo

¿Hay que hablar de enseñanzas? Los templarios tenían una filosofía, una concepción de las leyes del universo y del lugar del ser humano en esta armonía tan específica. Podemos considerar que, desde todos los puntos de vista, iban por delante de su época. Son poseedores de unos conocimientos reales, a lo largo de su historia, que comparten con el pueblo. En un plano concreto, nadie puede negar los trastornos reales que los templarios impusieron a los hombres. Todas las capas de la sociedad feudal se vieron afectadas profundamente por los monjes soldados. A través de la construcción de iglesias y capillas, el pueblo se bañó en las buenas corrientes cosmotelúricas (en los iones negativos o positivos, se dice actualmente), elementos nada despreciables de la mutación humana planteada por los altos responsables de la orden.

La ciencia, la técnica, el arte, la gestión de los bienes y del patrimonio construido, la agricultura, la organización social..., todo fue remodelado por la orden del Temple. A eso hay que añadir la atención que los templarios nos invitan a prestar a los textos sagrados, *todos* los textos sagrados, porque contienen una parte de la Verdad, difícil de comprender pero real y profunda.

Estos son los beneficios que el pueblo de la Edad Media recibió directamente. Y no solamente la gente de aquella época, ya que el «efecto templario» ha tenido repercusiones durante siglos y es probable que, aún en la actualidad, se adopten y adapten estructuras típicamente templarias en la sociedad de consumo.

Los defensores de la democracia siempre tendrán algo que alegar a los métodos empleados por la orden, que imponía, a veces con artimañas y a veces por la fuerza, sus deseos y objetivos. Los templarios estaban en perpetua lucha contra el tiempo. Tenían que actuar con rapidez para que la Obra diera resultado. La democracia es lenta en sus resultados, cuando los obtiene. Podemos preguntarnos qué democracia ha realizado un trabajo similar al del Temple, a escala casi mundial. La respuesta es sencilla: ¡ninguna!

La «moda» templaria

Es en la época de la Revolución francesa cuando se recupera el interés por los templarios. Este periodo problemático y doloroso —como mínimo— era favorable a los designios republicanos. La supuesta maldición de los templarios lanzada sobre el verdugo por Jacques-Bernard de Molay contra las dinastías reales del país servía bien a la causa...

Los primeros francmasones que trabajaron en la sombra en la caída de Luis XVI estaban convencidos que participaban en el éxito de la fatal y terrible predicción. La leyenda afirma que un desconocido se dirigió hacia el rey guillotinado y gritó a la multitud: «¡Jacques de Molay, ya has sido vengado!».

Esta atracción por los templarios no ha desaparecido desde entonces. Así, por ejemplo, Napoleón se interesó por ellos; Hitler se interesó por la obra de Wagner en la búsqueda de la Santa Lanza y del Grial; soñaba con fundar una orden todopoderosa, próxima a los caballeros teutónicos, por supuesto, pero sobre todo a los templarios, sus padrinos. Todos los años hay alguna orden «iniciática» que hace referencia a los templarios.

No obstante, ¿cuántas zonas sombrías quedan en la historia de esta orden que muchas generaciones de historiadores han intentado aclarar en vano?

Las preguntas que siguen sin respuesta

Las primeras que hay que plantearse tienen que ver con la relación de los primeros fundadores de la orden, entre los que encontramos a San Bernardo y a André de Montbard. El conde Hugo de Champagne y Hugo de Payns son de la región de Troyes, ciudad que recibiría el concilio especial que daría los auténticos estatutos de la orden, lo cual ya es un hecho excepcional, puesto que las demás órdenes militares no se han beneficiado de tanta deferencia.

¿Por qué estos nexos familiares? ¿Por qué en Champagne? Nadie ha sido capaz de dar una respuesta. Una cosa sí que es cierta: esta trama tan clara no puede ser más que el resultado de premeditaciones, la organización y el plan aplicado de una jerarquía si no oculta, al menos desconocida.

Tras su retirada de Oriente, los templarios pierden poco a poco su poder aunque son más poderosos que nunca. ¿Por qué? Antes de la fatídica redada, los templarios conocían el destino que les reservaba su orden y, sin embargo, dejaron que las cosas ocurrieran, al menos en apariencia. ¿Por qué? ¿Se instalaron los templarios en América, como dejan creer algunos indicios? Es un misterio. Por último, ¿descubrieron el Arca de la Alianza en las ruinas del templo de Salomón?

También podemos preguntarnos por qué, en las proximidades inmediatas de las encomiendas templarias de Francia, encontramos sistemáticamente un nombre, una referencia al espino.

No hay ninguna explicación para ello, pero se sabe que el libro de los Jueces fue traducido al francés por los templarios, y en IX, 14 puede leerse: «Y dijeron todos los árboles a la zarza espinosa: "Ven tú y reina sobre nosotros". Y dijo la zarza espinosa a los árboles: "Si en verdad queréis ungirme como rey vuestro, venid y poneos a mi sombra, y si no, que salga fuego de la zarza espinosa y devore los cedros del Líbano"».

¿Qué se oculta tras esta zarza de espinas? ¿Acaso el elemento de una especie de rito iniciático, y de ahí el beso intercambiado entre los templarios en la base de la espina dorsal?

Esto parece, realmente, el inicio de una respuesta lógica que lleva a pensar que los sótanos cercanos a las encomiendas eran utilizados para ceremonias y no para huir. Estos sótanos sólo se han descubierto cuando se han realizado obras, pero la mayoría permanece en el olvido. Por otra parte, la espina evoca a Cristo, pero esto no aporta ninguna respuesta satisfactoria. Hay una relación, pero ¿cuál?

Estas son las principales preguntas que surgen en relación con la orden del Temple. El único lugar donde sería posible encontrar los elementos adecuados para las respuestas es el Vaticano. No obstante, los archivos secretos dedicados a los templarios no pueden ser divulgados. La extraña áurea que envuelve a la orden, por lo tanto, no parece que vaya a esfumarse.

Conclusión

La orden de los Caballeros del Temple sigue siendo un mito de moda; sin embargo, más que un mito debería ser un modelo, una fuente de inspiración a la que los responsables de nuestras sociedades harían bien en ir a beber. El saber no es el conocimiento y, cada día, la carrera por el poder hace perder un poco de la sabiduría necesaria para una buena vida en comunidad y una buena organización de nuestras ciudades, nuestros campos, nuestras empresas e, incluso, nuestras religiones.

El hombre moderno ha perdido el contacto imprescindible con las fuerzas del universo. A menudo vemos iglesias más semejantes a búnkers que a auténticos lugares de culto. ¡Las únicas energías que se hallan en ellas pertenecen a la calefacción, la iluminación y la sonorización! Los hombres que erigieron hacia el cielo, hacia Dios, nuestras magníficas catedrales, tanto románicas como góticas, se mostrarían sin duda incrédulos ante la ausencia de conocimiento sagrado y simbólico de nuestros constructores actuales.

Otra época, otras costumbres... Y sin embargo nosotros, que vivimos en el tiempo de la fisión del átomo, el hormigón armado, el ordenador y el teléfono móvil, tenemos mucho que aprender de los habitantes de la Edad Media.

Por desgracia, cabe la posibilidad de que al estar subidos en nuestros pedestales no podamos dirigir nuestra mirada hacia ellos, que están tan lejos. La orden del Temple está muerta y tenemos la debilidad de pensar que su desaparición fue una auténtica catástrofe.

Con ella, y con todo aquello de lo que era portadora, nuestra sociedad humana no presentaría el estado de decrepitud en el que se encuentra. Lo único que podemos hacer es extraer de la obra de los Caballeros del Temple mejores fuentes de inspiración, sin querer con ello pretender a todo precio que renazcan... de sus cenizas.

Bibliografía

ARNOLD, P., *Histoire des Rose-Croix et de la franc-maçonnerie*, Mercure de France, 1955.

BAIGENT, MICHAEL, LEIGH, RICHARD, LINCOLN, HENRY, *Enigma sagrado*, Ediciones Martínez Roca, 2000.

BOUGUENEC, A., *L'inconnu se révèle*, Éditions Opéra, 1991.

CHARPENTIER, L., *Los misterios templarios*, Ediciones Apóstrofe, 1995.

CORVAJA, M., *Las profecías de Nostradamus*, Editorial De Vecchi, 2000.

FALIGOT, U., *Los cátaros*, Editorial De Vecchi, 2001.

FUTTHARK, R., *Comment interpréter la Kabbale*, Éditions De Vecchi, 1991.

GUGENHEIM-WOLFF, A., *La cábala*, Editorial de Vecchi, 2001.

GUIEU, J., *Les Brumes de l'effroi*, Éditions Vauvenargues, 1998.

LAMBERTI, A., *Nostradamus*, Editorial De Vecchi, 2001.

MAHIEU, J., *Les Templiers en Amérique*, Éditions J'ai Lu, 1987.

MARKALE, J., *Gisors et l'énigme des Templiers*, Éditions Pygmalion/Gérard Watelet, 1986.

PARTNER, P., *Templiers, francs-maçons et sociétés secrètes*, Éditions Pygmalion, 1992.

PERNOUD, R., *Les Templiers*, colección «Que sais-je?», PUF, 1991.

SÈDE, G., *Los templarios están entre nosotros*, Editorial Sirio, 1984.

VAILLANT, B., *Les Sociétés secrètes*, Éditions De Vecchi, 1987.

Le Cycle du Graal (ocho títulos), Éditions Pygmalion/Gérard Watelet, 1992.

www.ingramcontent.com/pod-product-compliance
Lightning Source LLC
Chambersburg PA
CBHW071157100426
R18119100001B/R181191PG42734CBX00001B/1